BAEDEKERSMART

Rügen

www.baedeker.com

Wie funktioniert der Reiseführer?

Wir präsentieren Ihnen die Sehenswürdigkeiten von Rügen und Stralsund in fünf Kapiteln. Jedem Kapitel ist eine *spezielle Farbe* zugeordnet. Um Ihnen die Reiseplanung zu erleichtern, haben wir alle wichtigen Sehenswürdigkeiten jedes Kapitels in drei Rubriken gegliedert: Einzigartige Sehenswürdigkeiten sind in der Liste der *TOP 10* zusammengefasst und zusätzlich mit zwei Baedeker Sternen gekennzeichnet. Ebenfalls bedeutend, wenngleich nicht einzigartig, sind die Sehenswürdigkeiten der Rubrik *Nicht verpassen!* Eine Auswahl weiterer interessanter Ziele birgt die Rubrik *Nach Lust und Laune!*

★★ Baedeker Topziele 6
Ein Gefühl für Rügen
bekommen 8

Das Magazin

Strände und Hügel 14
Rügens Vermächtnis 16
Von Piraten und Schriftstellern ... 18
Aktivurlaub 20
Mehr als eine Insel 23
Gefunden oder gekauft 24
So schmeckt die Insel 26
Weißes Gold 28

Wittow und Jasmund

Erste Orientierung 32
Mein Tag an der wilden Küste 34
★★ Nationalpark Jasmund 38
★★ Kap Arkona 42
Sassnitz 46
Dorfkirche Altenkirchen 50
Nach Lust und Laune! 52
Wohin zum ... Übernachten?
... Essen und Trinken?
... Einkaufen? ... Ausgehen? 56

Mönchgut und Granitz

Erste Orientierung 64
Mein Tag umgeben von
Bäderarchitektur 66
★★ Binz 70
★★ Naturerbe-Zentrum Rügen .. 74

★★ Sellin 76
★★ Jagdschloss Granitz 80
Prora 82
Göhren 88
Nach Lust und Laune! 92
Wohin zum ... Übernachten?
... Essen und Trinken?
... Einkaufen? ... Ausgehen? 96

Zentralrügen

Erste Orientierung 104
Mein Tag in Gutshäusern und
Parks 106
★★ Putbus 110
Bergen 113
Garz 116
Gingst 118
Ummanz 120
Ralswiek 122
Nach Lust und Laune! 125
Wohin zum ... Übernachten?
... Essen und Trinken?
... Einkaufen? ... Ausgehen? 131

Hiddensee

Erste Orientierung 138
Mein Tag aktiv in der Natur 140
★★ Dornbusch 144
Kloster 146
Neuendorf 150
Nach Lust und Laune! 152
Wohin zum ... Übernachten?
... Essen und Trinken?
... Einkaufen? ... Ausgehen? 154

Stralsund

Erste Orientierung 160
Mein Tag umgeben von
Backsteinpalästen 162
★★ Alter Markt 166
★★ Meeresmuseum ·
Ozeaneum 169
St. Marien 174
Nach Lust und Laune! 176
Wohin zum ... Übernachten?
... Essen und Trinken?
... Einkaufen? ... Ausgehen? 180

Spaziergänge & Touren

Unterwegs im Nordwesten 186
Am Ufer des Großen Jasmunder
Boddens 190

Praktische Informationen

Vor der Reise 196
Anreise 198
Unterwegs auf Rügen 199
Übernachten 200
Essen und Trinken 201
Einkaufen 202
Ausgehen 202

Anhang

Reiseatlas 205
Register 215
Bildnachweis 218
Impressum 219

Magische Momente

Kommen Sie zur rechten Zeit an den richtigen Ort
und erleben Sie Unvergessliches.

Zitrone des Nordens 45
Der Findling und die See-
jungfern 91

Breitwand-Theater 123
Insel in Bewegung 149
Unter weißen Segeln 173

Die »Himmelsleiter« führt hinab zur 1998 nach historischem Vorbild errichteten Selliner Seebrücke.

Auf idyllischen Wegen: im Fischerdorf Vitt am Kap Arkona

BAEDEKER TOPZIELE

★★ Baedeker Topziele

Unsere TOP 10 helfen Ihnen, von der absoluten Nummer eins bis zur Nummer zehn, die wichtigsten Reiseziele einzuplanen.

❶ ★★ Nationalpark Jasmund
Mächtige Buchen ragen über die weiß leuchtenden Kreidefelsen. Die faszinierende Küstenlandschaft kann man auf dem Hochuferweg oder am Strand erleben (S. 38).

❷ ★★ Binz
Die prächtige Bäderarchitektur des mondänen Seebads ist komplett saniert, Kurplatz, Seebrücke und Promenade sind beliebte Treffpunkte zum Flanieren (S. 70).

❸ ★★ Kap Arkona
Gleich drei Leuchttürme stehen an der Nordspitze Rügens. Ein historischer Slawenwall und ein Fischerdorf sind mit der Kap-Arkona-Bahn ab Putgarten zu erreichen (S. 42).

❹ ★★ Naturerbe-Zentrum Rügen
Der Baumwipfelpfad ist der Höhepunkt im neuen Naturerbe-Zentrum. Über Holzbohlen steigen die Besucher durch die Baumkronen mit Blick auf Bodden und Küste (S. 74).

❺ ★★ Alter Markt (Stralsund)
Einer der schönsten Plätze des Nordens versammelt architektonische Schmuckstücke der Backsteingotik wie das Rathaus und die Nikolaikirche (S. 166).

❻ ★★ Dornbusch
Idyllisches Hochland mit Wald, Wiesen und Steilküste umgibt das Wahrzeichen der Insel Hiddensee: den Leuchtturm von 1888. Lassen Sie sich den Blick von der Aussichtsplattform nicht entgehen (S. 144)!

❼ ★★ Sellin
Wer die Wilhelmstraße mit ihren Villen bis zum Ende entlangschlendert, blickt vom Steilufer auf die schönste Seebrücke Rügens (S. 76).

❽ ★★ Meeresmuseum · Ozeaneum (Stralsund)
Die beiden beeindruckenden Meeresmuseen der Hansestadt versetzen den Besucher mit Superlativen in die Welt der Meere (S. 169).

❾ ★★ Putbus
Seinen prachtvollen Häusern, gruppiert um den Hauptplatz, verdankt Putbus den Namen »weiße Stadt am Meer«. Hier befindet sich auch das einzige Theater der Insel (S. 110).

❿ ★★ Jagdschloss Granitz
Von den vielen Schlössern der Insel liegt das Jagdschloss am schönsten: umgeben von Buchenwäldern und mit toller Aussicht über Rügen (S. 80).

Ein Gefühl für Rügen bekommen ...

Erleben, was die Insel Rügen ausmacht, ihr einzigartiges Flair spüren. So wie die Rüganer selbst.

Seebrücken-Hopping

Das Wetter hat immer recht: Bis zum Bau des Rügendamms 1937 konnte eine Reise auf die Insel zum schwierigen Unterfangen werden, musste man doch mit dem Dampfschiff an einer der Seebrücken anlegen. Vier dieser Landungsbrücken gibt es, die schönste liegt im Seebad Sellin. Heute kann man die Seebrücken von Binz, Sellin und Göhren im Ausflugsschiff entdecken – inklusive Abstecher zu den Kreidefelsen – und sich dabei ein bisschen fühlen wie vor 100 Jahren.

Spaziergang an der Kreideküste

Eine der schönsten Wanderungen Rügens führt über den Hochuferweg von Sassnitz bis zum Königsstuhl (S. 38). Knorrige Buchen säumen die Strecke, dazwischen öffnen sich immer wieder Fenster zu den schneeweiß leuchtenden Kreideklippen. In der Tiefe schillert das Meer von türkis über smaragdgrün bis dunkelblau, weiße Segel schweben am Horizont. Und über Treppen geht es zwischendurch zum Kieselstrand, wo entwurzelte Bäume liegen. Wundern Sie sich nicht, wenn viele Strandspaziergänger den Blick gesenkt halten: Einen besseren Ort, um Donnerkeile und Hühnergötter zu finden, gibt es auf der Insel kaum.

Urlaub ohne Autos

Der Wind tost und pfeift, er zerrt an den Kleidern und drückt gegen das Fahrrad. Stürmische Tage auf Hiddensee (S. 136) lassen Sie die Natur der Insel noch intensiver erleben. Nur sehr wenige Autos sind hier zugelassen – und so zieht man sein Gepäck gemächlich im Handkarren zum Hotel, lässt sich in der Kutsche chauffieren, mietet ein Fahrrad zur Inselerkundung oder vertraut sich einem Ranger des Nationalparks Vorpommersche Boddenlandschaft für eine Wanderung an.

Eisenbahnromantik

Ein echter »Raser« ist dieser Roland nicht: Mit 30 km/h rattert Rügens

Zu jeder Jahreszeit ein Erlebnis: der Hochuferweg an der Kreideküste

Nahverkehrsmittel und Attraktion: der Rasende Roland

Thomas Koldevitz (links) aus Gager ist einer der letzten Fischer auf Rügen

historische Dampfeisenbahn (S. 199) von Putbus über Binz nach Göhren. Schon von Weitem kündigt sich die Lok des Rasenden Rolands mit schrillem Pfeifen und einer schwarzen Dampfwolke an. Und in den Waggons hinter der Lokomotive seufzen Bahnfans verzückt, wenn ihnen der Geruch der brennenden Kohle in die Nase steigt.

Insel mit Alpen

Nur eine kleine, unscheinbare Sitzbank steht auf Rügens schönstem Aussichtspunkt auf halbem Wege zwischen Gager und Groß Zicker. Immer wieder stutzt man angesichts der zerklüfteten Küste des Mönchguts mit ihren Bodden und Landzungen, Haken und Halbinseln. Gleich hinter dem Pfarrwitwenhaus (S. 92) in Groß Zicker beginnt ein Wanderweg quer durch die »Zickerschen Alpen«, wie die sanften Hügel im Volksmund genannt werden.

Kranichrastplatz

Zuerst hört man nur ein vereinzeltes Krächzen, dann werden es immer mehr. Schließlich schwellen die Rufe der Kraniche zu einem gewaltigen, Gänsehaut erzeugenden Konzert an. Jedes Jahr im Frühjahr und Herbst fallen die Zugvögel zu Zehntausenden im Dreieck zwischen Rügen, Hiddensee und Fischland-Darß-Zingst ein. In Tankow auf der Insel Ummanz (S. 120) gibt es einen Beobachtungsposten. Der Nationalpark Vorpommersche Boddenlandschaft und der NABU bieten Touren zur Kranichbeobachtung an (www.nabu.de).

Besuch beim Fischer

Rügens Fischer sind nicht ausgestorben, jedoch kämpfen sie um ihre Existenz. Sie sind auf neue Vertriebsideen angewiesen. So wie die von Matthias Schilling, der einen Laden für Fischkonserven eröffnete (S. 26). Die Boote der Männer, die keinen freien Tag kennen und trotzdem keine Reichtümer erwirtschaften, sind im Hafen von Schaprode (S. 128) oder Sassnitz (S. 46) vertäut. Frisch vom Kutter bekommt man den Fisch u. a. auch in Gager (S. 93), wo jeder Fischer eine kleine Hütte im Hafen besitzt. Selbst in Binz gibt es noch einen Fischer: Strandfischer Kuse (S. 100).

Auf einen Blick

Wer auf der Insel unterwegs ist, entdeckt zahlreiche alte und neue, natürliche und »konstruierte« Aussichtspunkte über idyllische Dörfer und die nie weit entfernte Küste. Dem schwindelfreien Reisenden, den ein paar Stufen nicht abschrecken, seien diese Türme empfohlen: das Jagdschloss Granitz (S. 80), der Ernst-Moritz-Arndt-Turm (S. 115), der »Adlerhorst« des Naturerbe-Zentrums (S. 74), der Lotsenturm (S. 92), der Grümbke-Turm (S. 129) sowie die Leuchttürme am Kap Arkona (S. 42).

Das Magazin

Sonne, Segel, Strand, Sanddorn, Steilküste und Fisch … Rügen und Hiddensee sind nicht nur für Schriftsteller und Künstler Sehnsuchtsorte.

Seiten 12–29

Vom sanfthügeligen Hiddenseer Hochland Dornbusch bieten sich weite Ausblicke.

Strände und Hügel

Deutschlands größte Insel ist ein Naturphänomen: Fast 90 km Strand, herrliche Wälder und eine faszinierende Kreideküste mit mehr als 100 m hohen Felsen machen Rügen zum Ort grandioser Landschaften.

So viele Strände und gleichzeitig eine so hügelige Landschaft mit dichten Buchenwäldern – da scheint sich an einigen Stellen der Insel der Thüringer Wald mit der Ostseeküste vereint zu haben. So sehr Rügen mitunter an ein Binnenland erinnert, können Sie dennoch oft das Meeresrauschen hören – kein Ort ist mehr als 7 km vom Wasser entfernt! So haben Sie immer beides dicht beisammen: den Strandurlaub mit Dünenwäldchen, Promenade und Hotel am Meer und gleichzeitig wunderschöne Rad- und Wanderwege durch hügelige Wälder und weite Felder.

Steilküsten aus Kreide und Sand
Majestätisch ragt der Königsstuhl 118 m über das Meer. Wer von der Plattform auf dem Felsen in die

Von Kastanien gesäumte Kopfsteinpflasterstraßen überziehen die Insel.

Ferne schaut, fühlt sich tatsächlich wie ein König, erhaben über das Wasser, das weit unten rauscht und so flach und klar ist, dass man bis auf den Meeresgrund schauen kann. Millionen von Jahren haben diese Felsen schon auf dem Buckel. Steinalt sind sie und dennoch nicht für die Ewigkeit geschaffen: 2005 brachen die berühmten Wissower Klinken – zwei markante Kreidekliffs – einfach ab. 50 000 m³ Kreide stürzten ins Meer. Die Natur auf Rügen ist immer in Bewegung – besonders im Winter, wenn raue Stürme über die Insel ziehen und manchmal Eisschollen das Meer bedecken.

Schilf schmückt das Ufer in Gager auf Mönchgut.

Faszinierende Boddenlandschaft

Rügen ist wie eine Medaille mit zwei Seiten: Auf der einen Seite gibt es die Ostseeküste mit ihren kilometerlangen Sandstränden, der mächtigen Steilküste und den stolzen Seebädern im Norden und Osten. Auf der anderen Seite findet man die stille Boddenlandschaft mit schilfumsäumten Ufern, weiten Wiesen und einsam gelegenen Dörfern im Süden und Westen. Dort wohnen überwiegend Einheimische. Manche haben ein Landhaus mit unverbautem Blick über Felder und Wiesen gekauft und renoviert. Allerorten gibt es prachtvolle Gutshäuser, die nach der Wende aufwendig saniert wurden. Wunderschöne Alleen mit windgebeugten Bäumen überziehen die Insel wie natürliche Tunnel. Auf der Halbinsel Mönchgut im Nordosten beginnt denn auch die 2900 km lange Deutsche Alleenstraße, die sich quer durch Deutschland zieht.

Naturschutz wird großgeschrieben

Insgesamt drei Naturschutzzonen sorgen dafür, dass die einmalige Landschaft erhalten bleibt. Als Teil des Nationalparks Vorpommersche Boddenlandschaft ist die Westküste Rügens samt Hiddensee geschützt. Am bekanntesten ist der Nationalpark Jasmund mit der Kreideküste. Das Biosphärenreservat Südost-Rügen wiederum schließt die Regionen Mönchgut, Granitz und den Rügischen Bodden ein. Dazu kommen rund 30 kleinere Naturschutzgebiete.

Rügens Vermächtnis

Vor 6000 Jahren wurde Rügen erstmals von Germanen besiedelt. Während diese vor allem stattliche Großsteingräber hinterließen, zeugen Hügelgräber von der nachfolgenden Bronzezeit (1800–1000 v. Chr.). Vom Slawenvolk der Ranen, das die Insel bis vor rund 900 Jahren dominierte, sind vor allem mächtige Burgwälle und Reste von Tempelburgen geblieben.

Im 11. Jh. war es den Dänen ein Dorn im Auge, dass Rügens Bewohner noch immer einem heidnischen Kult huldigten und vom Christentum nichts wissen wollten. Für Gott Svantevit und seine Nebengötter opferten die Ranen auf Rügen regelmäßig Hühner, bauten

Zwei knorrige Eichen thronen auf dem Hügelgrab bei Silmenitz, 5 km südöstlich von Garz.

riesige Tempelburgen und feierten archaische Feste. Mehrmals versuchten die Dänen, dem ein Ende zu bereiten. 1168 gelang es ihnen, die Burg Arkona einzunehmen. Die anderen Tempelburgen auf Rügen wurden daraufhin kampflos übergeben. Noch heute zeugen auf Rügen 28 ringförmige Erdwälle, u. a. in Garz (S. 116) sowie in Bergen (S. 113) auf dem Rugard, von den slawischen Tempelanlagen. Kurz nach der Machtübernahme durch die Dänen entstanden auf Rügen die ersten Kirchen, etwa in Altenkirchen (S. 50). Die unterworfenen Slawen wurden im Laufe der Jahrhunderte von zugezogenen Deutschen verdrängt, sodass die slawische Sprache im 15. Jh. auf Rügen nicht mehr gebräuchlich war. Nur die typisch slawischen Endungen von Ortsnamen wie -ow, -itz oder -gast sind geblieben.

Ein weiteres Relikt aus dieser Epoche sind die Hausmarken an den Eingängen historischer Gebäude. Die runenartigen Zeichen dienten dazu, den privaten Besitz zu kennzeichnen. Jede Familie hatte ihr eigenes Zeichen, da so gut wie niemand des Schreibens mächtig war, geschweige denn lesen konnte. Besonders verbreitet sind die Hausmarken noch auf Hiddensee.

Kahlschlag auf der Insel
Am schlimmsten setzte der Dreißigjährige Krieg dem Eiland zu. Deutsche, schwedische und dänische Soldaten verwüsteten um 1628 nacheinander das Land und plünderten es. In dieser Zeit wurde auch fast die gesamte Inselfläche kahl geschlagen, die damals noch überwiegend aus Wald bestand. Heute sieht man nur noch auf der Halbinsel Jasmund und in der Granitz, wie dicht bewachsen Deutschlands größte Insel einmal war.

Alte Hausmarke und neue Hausnummer an einem Wohnhaus auf Hiddensee

1648 fiel Rügen an Schweden und blieb schwedisch bis zum Beginn des 19. Jhs. Da besetzte Napoleon mit seinen Truppen die Insel und für kurze Zeit war Rügen französisch. Nach der Niederlage des französischen Feldherrn übernahmen 1815 die Preußen das Regiment auf Rügen. Die Verbundenheit mit Schweden jedoch ist geblieben. Volksfeste, etwa die Wallensteintage in Stralsund (S. 203) und die 700 km lange Schwedenstraße, die in Sassnitz ihren Anfang nimmt, erinnern an die Verbundenheit mit den skandinavischen Nachbarn.

Von Piraten und Schriftstellern

Abenteurer, Romantiker und Schriftsteller fanden auf Rügen und Hiddensee schon früh eine Heimat für ihre Sehnsucht nach Natur und unverbildetem Leben.

Eine faszinierende Landschaft, mit ebensolchen Sonnenuntergängen und die Weite des Meeres haben von jeher Künstler und Schriftsteller nach Rügen gezogen. Bekannt wurde die Insel vor allem durch die Gemälde Caspar David Friedrichs, der mit dem Bild »Kreidefelsen auf Rügen« internationale Aufmerksamkeit erregte. Friedrich, 1774 in Greifswald geboren, hielt sich öfter auf der Insel auf und kletterte zum Entsetzen der Einheimischen halsbrecherisch in den Felsen herum, um die Natur in sich aufzunehmen. Für Romantiker war die Insel eine Inspiration. Einige Literaturexperten sind der Meinung, dass diese Kunst- und Geistesströmung zu Beginn des 19. Jhs. von hier ihren Ausgang nahm.

Ein weiterer berühmter Zeitgenosse Friedrichs setzte der Insel ein Denkmal: »O Land der dunklen Haine, o Glanz der blauen See, o Eiland, das ich meine, wie tut's nach Dir mir weh«, schrieb der heimwehkranke Ernst Moritz Arndt, der 1769 in Groß Schoritz (S. 116) bei Garz geboren wurde. Der wegen seiner juden- und fremdenfeindlichen Einstellung umstrittene Dichter und Schriftsteller machte sich vor allem mit dem Kampf gegen Fremdherrschaft und Leibeigenschaft einen Namen.

So sah Caspar David Friedrich einst die Kreidefelsen.

Die Naturbühne von Ralswiek bietet den imposanten Rahmen für die Störtebeker-Festspiele.

Künstler auf der Suche

Die Pianistin Clara Schumann stattete Rügen in den 1870er-Jahren auf einer Konzertreise einen Besuch ab, ebenso ihr enger Vertrauter Johannes Brahms, der in Sassnitz 1875 seine »1. Symphonie c-Moll« vollendete. Friedrich Schleiermacher, Professor und Theologe aus Berlin, weilte Anfang des 19. Jhs. ebenfalls regelmäßig auf der Insel, auch weil er in Henriette von Willich verliebt war, eine Rüganerin, die er später ehelichte.

Anfang der 1920er-Jahre wurde Hiddensee (S. 136) förmlich von Künstlern überrannt, die das freie Leben in der Natur genossen. So besaß der Stummfilmstar Asta Nielsen hier ein Haus (S. 152). Das Haus des Dramatikers Gerhart Hauptmann (S. 147), der in den 1930er-Jahren in Kloster auf Hiddensee wohnte, können Sie besichtigen. Auch die berühmte Tanzpädagogin Gret Palucca weilte ab 1948 viele Sommer auf Hiddensee. Ihr zu Ehren findet jedes Jahr eine Tanzwoche (S. 203) statt.

Schrecken der Meere

Ein weiterer, eher berüchtigter Name ist mit der Region verbunden: Der Pirat Klaus Störtebeker hielt sich einst regelmäßig auf Rügen auf, er soll sogar in Ruschvitz bei Glowe aufgewachsen sein. Er war der Anführer der sogenannten Vitalienbrüder, die auf der Ostsee und der Nordsee Hansekoggen plünderten und das Erbeutete auch unter den Armen verteilten. Nach seiner Gefangennahme 1402 wurde er samt Besatzung in Hamburg geköpft. Dank der Störtebeker-Festspiele in Ralswiek (S. 122) wird er auf Rügen nicht in Vergessenheit geraten.

Aktivurlaub

Surfen und Segeln, Wandern, Golfen und Reiten – Rügen mit seiner 474 km langen Küste und weitgehend intakten Natur hat sich zu einem Trendziel für Aktive entwickelt. Auch in der Nebensaison kommt bei Events wie dem »Wanderfrühling« und »Aktivherbst« keine Langeweile auf.

Sie möchten nicht nur am Strand in der Sonne brutzeln? Dann bietet Rügen mit seinen vielen Stränden eine bunte Vielfalt an Aktivitäten: Mehrere Schulen führen Kurse im Segeln, Surfen oder Kitesurfen durch und vermieten das passende Equipment. Die besten Surfreviere liegen am Thiessower Haken, in Suhrendorf auf Ummanz und in Dranske, Wiek und Vitte (Hiddensee). Vielleicht ist ein Rügenaufenthalt auch die passende Gelegenheit, es einmal mit Stand-up-Paddeln (Stehpaddeln) zu probieren? Sogar wasserskifahren kann man: in Binz und in Zirkow in einer ehemaligen Kiesgrube.

Wer bislang nur auf Flüssen und Seen paddeln war, kann auf Rügen lernen, dass dieser Sport auf dem Meer besonderen Spaß macht. Vorausgesetzt es herrscht nicht mehr als Windstärke 5. Mit dem Kajak können Sie dicht an der Küste entlangfahren und die Schönheit der Landschaft aus einer ganz neuen Perspektive entdecken. Besonders bei Sonnenuntergang wird das Seekajakfahren zu einem unvergesslichen Erlebnis.

Auch für Segelfreunde gibt es zahlreiche Optionen, vom Mitsegeln über Segelkurse bis zu Charterangeboten. Viele Orte verfügen über Anlegemöglichkeiten, vom alten Fischerhafen bis zur modernen Marina oder im neu angelegten Naturhafen Gustow. Erfahrene Skipper können zur Rügen-Umsegelung ablegen oder sogar weiter in Richtung Schweden und Finnland.

Wettkampf zu Wasser und an Land

Für passionierte Schwimmer könnte das Sundschwimmen Anfang Juli das Richtige sein. Dann pflügen rund 1000 Teilnehmer durch den 2,3 km breiten Strelasund zwischen Stralsund und Altefähr auf Rügen. Auch das Internationale Vilm-Schwimmen im August, rund

Im Sommer konzentrieren sich viele Insel-Aktivitäten auf den Wassersport. Passionierte Radfahrer kommen dagegen ganzjährig auf Rügen und Hiddensee auf ihre Kosten.

2,5 km von der Insel Vilm in den Lauterbacher Hafen, ist ein Begriff. Zu einer festen Institution hat sich der Ironman Rügen jeden September entwickelt, ein harter Triathlon mit 1,9 km Schwimmen, 90 km Radfahren und 21,1 km Laufen.

Golfen im Schlosspark

Ein beliebter 18-Loch-Turnierplatz im Park von Schloss Karnitz zwischen Bergen und Garz zieht Golfer aus der ganzen Region an. Auf dem 9-Loch-Public-Course können Sie auch ohne Platzreife spielen. Oder möchten Sie ein paar Golfschwünge auf der Driving Range machen? Auf Schloss Ranzow in Lohme wurde ebenfalls ein 18-Loch-Platz eingerichtet. Mit dem Golfzentrum Granitzhof ist bei Binz ein weiterer Platz in Vorbereitung.

Fisch am Haken

Für Angler gibt es kaum einen besseren Ort als Rügen, um ihre Fangkünste auszuprobieren – vom Aal bis zum Zander, vom

Individuelle Kutschfahrten sind auf der autofreien Insel Hiddensee beliebt.

Richtig einsam wird es selbst zur Hochsaison im Hinterland, z. B. auf der Halbinsel Ummanz. Im Herbst kann es hier jedoch laut werden – dann fallen nämlich die Kraniche ein. Beim jährlich stattfindenden Wanderfrühling im April haben Sie die Wahl unter rund 60 meist kostenfreien Wander- und Aktivangeboten, darunter Naturführungen, Nordic-Walking-Touren und Ortsrundgängen. Das Pendant nach Saisonende ist der Aktivherbst im September und Oktober.

Hechtangeln in den Boddengewässern bis zum Hochseeangeln vom Kutter aus. Sogar im Winter lohnt sich die Ausfahrt: Dann tummeln sich Lachse und Meerforellen in den Gewässern. Die meisten Angelkutter laufen in Sassnitz aus, um Hobbyangler zu den besten Fanggründen zu fahren. Weitere Abfahrtshäfen sind Glowe, Lohme, Stralsund und Schaprode. Im Angebot ist auch Schnupperangeln für Anfänger.

Über Stock und Stein

Rügen hat sich in den letzten Jahren zu einer ausgeprägten Wanderinsel entwickelt, inzwischen gibt es ein Netz von rund 800 km Wander- und Radwegen. Besonders reizvoll sind die Strecken entlang der Steilküsten und am Strand entlang sowie durch die Hallenwälder der Granitz und Stubnitz.

Radeln und Reiten

Auch zum Radfahren finden Sie eine ausgezeichnete Infrastruktur mit Fahrradverleihern in den meisten Orten, Radwegen entlang der Straßen oder durch einsame Natur. Während man im Westen gemütlich im Flachland unterwegs ist, sind auf Jasmund auch steilere Anstiege zu bewältigen. Mit einer »steifen Brise« von der See muss man immer rechnen – ein Argument, das für ein E-Bike spricht.

Und nicht zuletzt ist die Insel ein Paradies für Reiter! 30 Reiterhöfe sowie Reit- und Fahrvereine sorgen dafür, dass Pferdenarren ihren Spaß haben. Geländeritte, Springreiten und Reitunterricht stehen auf dem Programm. Je nach Wunsch können Sie kurze Ausritte oder mehrtägige Kurse buchen.

Umfangreiche Infos zu allen Aktivitäten finden Sie unter: www.ruegen.de/aktivitaeten.

Mehr als eine Insel

Hiddensee, die kleine Schwester Rügens, kennen die meisten. Aber wussten Sie, dass vor der Küste Rügens weitere Inseln liegen? Ruden und die Greifswalder Oie etwa können Sie an klaren Tagen im Südosten vom Strand aus entdecken.

Segler, die von Usedom aus Kurs auf Rügen nehmen, kennen Ruden, eine kleine Insel, rund 10 km entfernt vom Thiessower Haken, der Südostspitze Rügens. Anlegen können sie hier jedoch nicht, denn die Insel steht unter strengem Naturschutz. Hier brüten rund 35 Vogelarten, im Herbst und Winter fliegen zahlreiche Zugvögel ein. Kegelrobben und Fischotter sind das ganze Jahr über präsent.

Geschützte Insel Oie

Auch die 54 ha große Greifswalder Oie, nordöstlich von Ruden, diente vor allem als Anhaltspunkt für den Schiffsverkehr. Seit 1855 befindet sich ein Leuchtturm auf der Insel, die im 19. Jh. von lediglich drei Bauern, die Kartoffeln und Getreide anbauten, bewohnt war. In früheren Zeiten gab es sogar ein Hotel mit 25 Betten, heute fegt nur noch der Wind über das unbewohnte Eiland, das unter Naturschutz steht. Es wird vom Verein Jordsand betreut.

Öhe, Liebitz und Heuwiese

Kleine Inseln sind auch der Westküste Rügens vorgelagert. Heuwiese, südlich von Ummanz, und Liebitz im Kubitzer Bodden sind unbewohnt. Öhe vor Schaprode ist im Privatbesitz. Alle Inseln stehen unter Naturschutz und gehören zum Nationalpark Vorpommersche Boddenlandschaft. Und dann ist da noch Vilm, Honeckers ehemalige Urlaubsinsel (S. 126).

Insel Vilm steht unter Naturschutz und darf nur im Rahmen von Führungen besucht werden.

Gefunden oder gekauft

Bernsteinschmuck und Sanddornprodukte zählen zu den klassischen Rügen-Souvenirs. Die wachsende Kunstszene der Insel überrascht mit witziger Töpferkunst und originellen Kreationen aus Treibgut. Dennoch bleiben eigene Fundstücke unverzichtbar: Muscheln, Hühnergötter, Donnerkeile.

Die inspirierende Natur und die teilweise einsamen Landschaften haben viele Künstler und Kunsthandwerker nach Rügen gelockt, die hier Ateliers und Werkstätten führen. Sie fertigen Schmuck an, töpfern oder stricken kunstvolle Pullover mit Landschaftsmotiven. Viele Produkte sind Unikate. Gerne lassen sich die Künstler auch mal über die Schulter schauen und einige Manufakturen bieten sogar Workshops an.

Schnäpse und Kosmetik

Etwas Besonderes bietet die Haflingerzucht auf der Insel Ummanz, die Stutenmilch verkauft. Die Rugard-Apotheke in Bergen (S. 134) verarbeitet diese Milch zu Kosmetik, die sehr nährstoff- und mineralstoffhaltig und daher gut für die Haut ist.

Holzskulptur »Fischers Fru« (Fischers Frau) im Hafen von Neuendorf auf Hiddensee

Strandgut als schmückendes Mitbringsel: Hühnergott (links) und Bernsteine in der Werkstatt von Ingolf Engels in Vitte (Hiddensee)

Rügens erste Edeldestillerie in Lieschow bei Ummanz (S. 135) produziert feine Obstbrände aus teilweise heimischen Kirschen, Äpfeln, Sanddorn und Birnen. Bei einer Besichtigung können Sie die edlen Brände und Destillate verkosten und etwas über alte Obstsorten auf Rügen erfahren. Destilliert wird auch in der Mönchguter Hofbrennerei »Zur Strandburg« (S. 99).

Geschenke des Meeres
Die schönsten Souvenirs sind nicht unbedingt mit Geld zu bezahlen, Sie finden sie am Strand: schöne Muscheln etwa, Feuersteine mit Loch – die sogenannten Hühnergötter – oder Versteinerungen von prähistorischen Tintenfischen, die Donnerkeile. Falls Sie kein Glück haben, gibt es die Steine auch in der Altstadt von Sassnitz – sie baumeln auf Schnüre gezogen am Straßenrand, mit Bezahlung in der »Kasse des Vertrauens«.

Bernstein ist ebenfalls ein typisches Souvenir. Vor allem nach Stürmen kann man kleine Stücke am Strand finden. Boutiquen und Bernsteinwerkstätten verkaufen originelle Schmuckunikate aus dem versteinerten Harz (S. 99, 143).

Ateliers und Kunstzentren
Wenn Sie auf der Suche nach Kunst und witzigen Souvenirs sind, lohnt sich ein Bummel durch Binz: Vor allem auf der Margaretenstraße haben sich Künstlerateliers angesiedelt: Glasbläserei Blumberg, tonicum-Keramik und Galerie Narrenkeramik (S. 100). Galerien und Töpferläden sowie einen Shop mit Werken aus Fundstücken finden Sie in Putbus (S. 134). Eine weitere gute Adresse ist die Altstadt von Sassnitz. Ein Zentrum des Kunsthandwerks ist auch das Kap Arkona (S. 42).

So schmeckt die Insel

Fisch in vielen Variationen ist das tägliche Brot der Insel – dank der Arbeit der kleinen Fischereibetriebe. Regionalität und Nachhaltigkeit werden auf Rügen großgeschrieben, in vielen Manufakturen und Hofläden kann man frische Inselprodukte kaufen.

Der Puls Rügens schlug immer mit dem Kommen und Gehen der Fische. Vor der Küste werden Heringe, Dorsche, Flundern und Meerforellen gefangen, aus den Boddengewässern kommen Hechte, Zander und Barsche. Eine Spezialität ist der Hornfisch mit seinen grünen Gräten, der im Frühjahr Saison hat. Überall auf der Insel sind Fischräuchereien (z. B. De Seedörper in Seedorf, Dumrath in Groß Zicker) beliebte Anziehungspunkte, ebenso wie die Kutter im Hafen von Sassnitz oder Lauterbach, auf denen frischer Fisch und Fischbrötchen verkauft werden.

Auch die Gourmetküche zaubert originelle Gerichte aus den Meeresbewohnern wie das Freustil (S. 99) in Binz oder das Gutshaus Kubbelkow (S. 109) unweit von Bergen auf Rügen.

Nachhaltiger Fisch
Doch die Zeiten sind schwer für die kleinen Fischer, ihre Zahl ist seit Jahren rückläufig. Durch Fangquoten und immer neue Regulierungen führen sie einen harten Kampf um ihre Existenz.

Auf Hiddensee hat der Landwirt und Gastronom Matthias Schilling deshalb zusammen mit den Fischern die Marke »Hiddenseer Kutterfisch« (www.hiddenseerkutterfisch.de) entwickelt. Die Produkte in edel designten Dosen werden inzwischen in Feinkostläden verkauft und in ausgewählten Restaurants serviert, zu Preisen, von denen die Fischer leben können – das ist Fair Trade par excellence.

Regionale Esskultur
In den letzten Jahren sind auf Rügen viele weitere Projekte entstanden, die auf Regionalität und nachhaltige Herstellung setzen: zum Beispiel die preisgekrönte Insel-Brauerei in Rambin (S. 134), die Molkerei Rügener Inselfrische in Poseritz (S. 134), die Milchprodukte, Sanddornmarmelade und

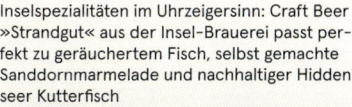

Inselspezialitäten im Uhrzeigersinn: Craft Beer »Strandgut« aus der Insel-Brauerei passt perfekt zu geräuchertem Fisch, selbst gemachte Sanddornmarmelade und nachhaltiger Hiddenseer Kutterfisch

Holundergelee produziert, oder die Rinderzucht auf der Insel Öhe, wo sich die Tiere nur von den Gräsern der Salzwiesen ernähren (www.insel-oehe.de). Die Produkte sind in zahlreichen Dorf- und Hofläden erhältlich, die der Verein Rügen Produkte auf seiner Webseite auflistet: www.ruegenprodukte.de.

Vitaminbombe mit Tradition
Eine lange Tradition auf Rügen hat auch der Sanddorn, der so viel Vitamin C enthält wie kaum eine andere Frucht: Er wächst an der Küste seit rund 200 Jahren. Erst in letzter Zeit aber hat man die Dornenfrucht wieder schätzen gelernt. Heute ist die Nachfrage nach Sanddornprodukten so groß, dass längst nicht alle Säfte, Marmeladen und Liköre tatsächlich von der Insel stammen. Achten Sie daher immer auf den Herkunftsnachweis. Wer sich als Erntehelfer versuchen will, meldet sich am Rügenhof (S. 45).

Weißes Gold

Als Industrieprodukt war sie immer begehrt, als Steilküste wurde sie zum Wahrzeichen: Kaum ein anderes Material prägte Rügen so sehr wie die Kreide. Schon vor rund hundert Jahren entdeckte man ihre wohltuende Wirkung und setzt sie heute wieder zur Körperpflege ein.

Eine Legende besagt, dass in den Kreidefelsen weiße Zwerge hausen, die des Nachts auf Bernsteinsuche gehen. Begegnen sie dabei einem Menschen, müssen sie ihm ihre gesamten Schätze überlassen. Ein findiger Unternehmer entwickelte aus der Sage die Rügener Kreidemännchen – kleine Figuren mit der Gestalt von Bernsteinsammlern oder Laternenträgern. Egal ob Kunst oder Kitsch: Die Souvenirs haben sich zu einem Maskottchen der Insel entwickelt.

Sedimentgestein in Schichten

Die Kreidemännchen sind das jüngste Produkt aus dem »Weißen Gold«, einer geologischen Formation tief unter den Buchenwäldern der Halbinsel Jasmund, die vor mehr als 65 Millionen Jahren

Das Kreidemuseum von Gummanz informiert in einem historischen Kreidewerk über Abbau, Aufbereitung und Verwendung des »Weißen Golds«.

Kosmetik- und Wellnessanwendungen mit Rügener Heilkreide fördern das Wohlbefinden.

entstand. Sedimente aus Algen, Plankton und kleinen Schalentieren bildeten hier inmitten eines Meeres den Kreidekalk: fast reines Calciumkarbonat, feinkörnig und weich. Später wurde die Schicht angehoben, von eiszeitlichen Gletschern verformt und freigelegt.

Von der Hanse bis heute

Schon zur Hansezeit soll der Stoff verwendet worden sein. 1845 ging in Sassnitz die erste Kreideschlämmerei in Betrieb, fünfzig Jahre später gab es schon mehr als 20 Produktionsstätten – eine von ihnen können Sie im Kreidemuseum Gummanz (S. 52) besichtigen. Heute gibt es noch ein hochmodernes Kreidewerk, seine Produkte finden als Füllstoff in Farben und Kunststoffen Verwendung, in der Rauchgasentschwefelung oder als Dünger.

Heilkreide – eine Wohltat

Doch für Inselbesucher ist ein anderer Nutzen der Kreide viel interessanter: Schon vor mehr als 100 Jahren entdeckte man ihre heilende Wirkung und nutzte die Kreide zur Behandlung von Gicht, Rheuma und Hautkrankheiten. Zu DDR-Zeiten geriet diese Verwendung in Vergessenheit, um nach der Wende erneut zum Leben erweckt zu werden, nicht nur im Einsatz gegen Krankheiten, sondern auch im Wellnessbereich.

Zum Repertoire zählen neben Bädern und Gesichtsmasken Kreidepackungen, die auf den Rücken oder den gesamten Körper aufgetragen werden. Den Geschmack der modernen Wellnessgeneration treffen neue Variationen von Wirkstoffen, zum Beispiel im Thalasso mit Algen, Seegras oder Salz – ein rundum sinnliches Erlebnis.

Ausblick auf die Kreidefelsen von der berühmtesten Felsformation im Nationalpark Jasmund: dem Königsstuhl

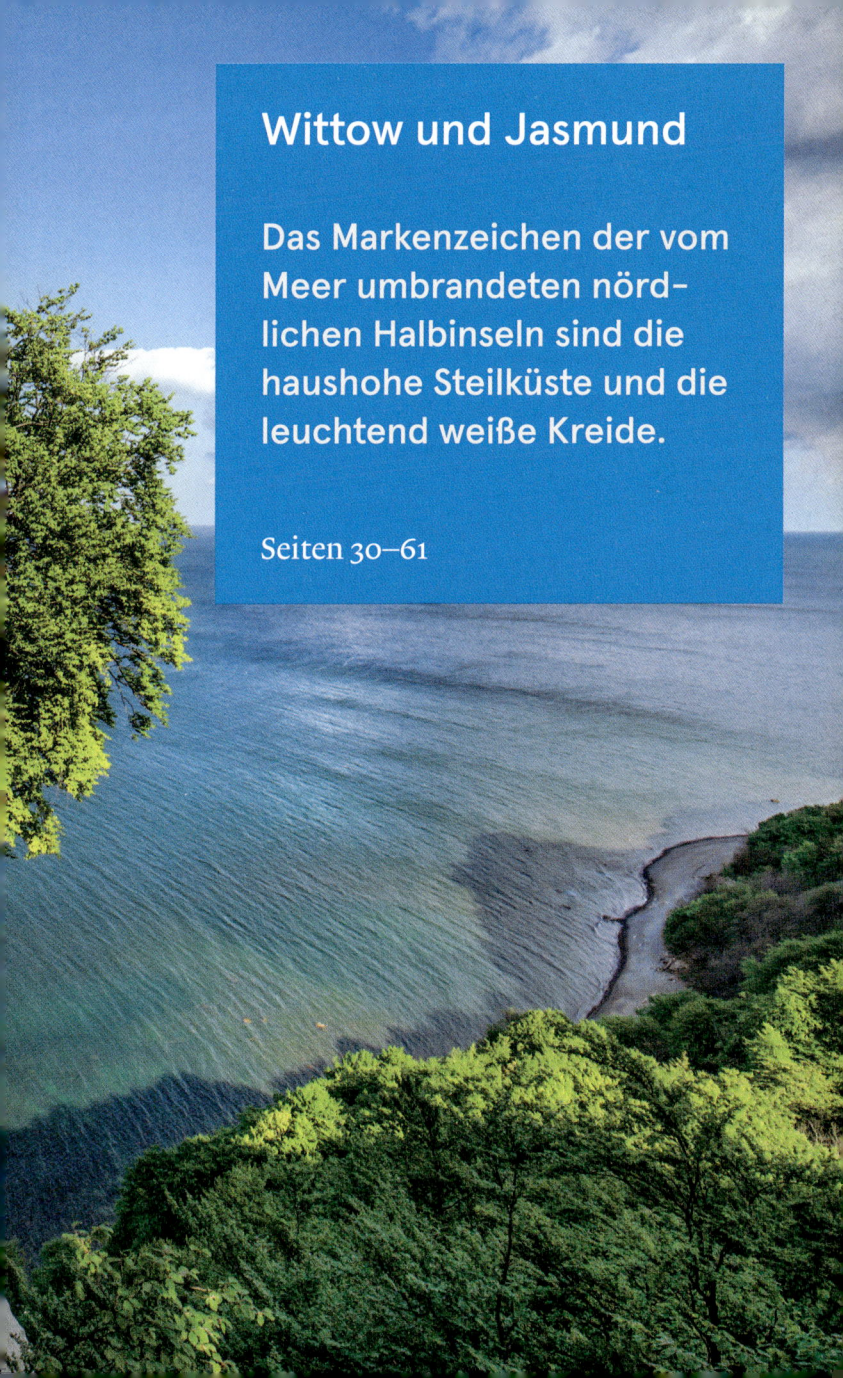

Wittow und Jasmund

Das Markenzeichen der vom Meer umbrandeten nördlichen Halbinseln sind die haushohe Steilküste und die leuchtend weiße Kreide.

Seiten 30–61

Erste Orientierung

Kreidefelsen, Sandstrände und Steilküste kennzeichnen die nördliche Küste Rügens. Hier dominiert die Natur, die teilweise, wie im Nationalpark Jasmund, unter Schutz steht. Sassnitz, die einzige Stadt der Region, lebt immer noch vom Fischfang. In den kleinen Dörfern geht es beschaulich zu.

Die beiden nördlichsten Halbinseln Rügens waren ursprünglich eigenständige Inseln. Im Laufe der Jahrtausende führten jedoch Sandablagerungen, sogenannte Nehrungen, dazu, dass Jasmund und Wittow mit dem »Muttland«, der großen Rügeninsel, zusammenwuchsen. Eine dritte Verbindung zwischen Jasmund und Zentralrügen entstand 1868 von Menschenhand. Dieser Lietzower Damm ist heute einer der Hauptverkehrswege.

Auf Wittow und Jasmund liegen Attraktionen, die für Stau auf der Landstraße sorgen: der Nationalpark Jasmund und Kap Arkona mit den markanten Leuchttürmen. Die zwei Sehenswürdigkeiten könnten gegensätzlicher nicht sein: der dichte Buchenwald des Nationalparks auf der einen Seite, die fast baumlose Ebene des Windlands mit seiner kilometerweiten Sicht übers Land auf der anderen.

TOP 10
- ❶ ★★ Nationalpark Jasmund
- ❸ ★★ Kap Arkona

Nicht verpassen!
- ⓫ Sassnitz
- ⓬ Dorfkirche Altenkirchen

Nach Lust und Laune!
- ⓭ Lietzow
- ⓮ Lohme
- ⓯ Kreidebruch Gummanz
- ⓰ Bobbin
- ⓱ Schloss Spyker
- ⓲ Glowe
- ⓳ Breege–Juliusruh
- ⓴ Wittower Fähre
- 21 Wiek
- 22 Bakenberg

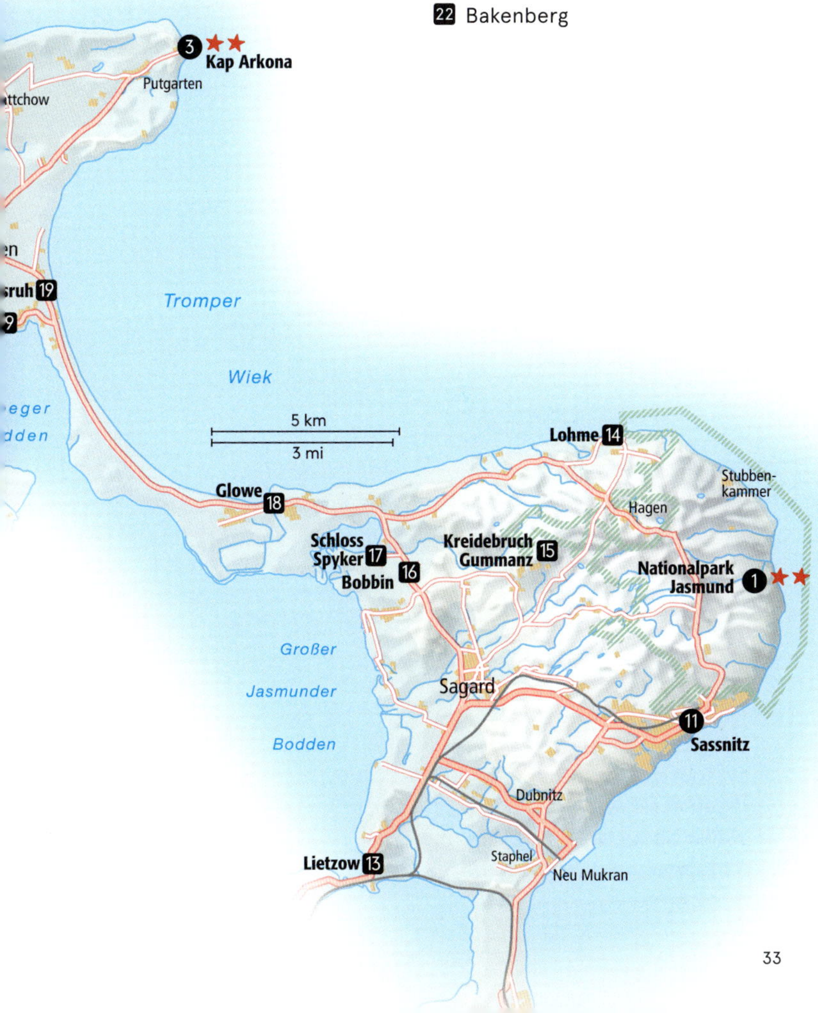

Mein Tag
an der wilden Küste

Den besten Überblick über die urwüchsige Landschaft an der Kreideküste Rügens erhalten Sie bei einer Schiffstour. An Land tauchen Parkranger auf einem geführten Spaziergang mit Ihnen in die Buchenhallen des Nationalparks Jasmund ein. Nicht weniger faszinierend ist der bizarre Zauberwald auf der Halbinsel Wittow.

9 Uhr: Kaffee an der Strandpromenade

Morgenstimmung in ⓫ Sassnitz (S. 46): Die Strandpromenade ist noch verwaist, nur ein paar Jogger sind zwischen Kurpark und Hafen unterwegs. Im Café Peters unweit vom Bahnhof genießen Sie einen Kaffee, bevor es zum Hafen geht.

10 Uhr: Schiffsfahrt entlang der Kreideküste

Im Hafen wartet an Brücke 1 schon die »MS Alexander«, 23 m lang, 400 PS. Ein letztes Hupen aus dem Schiffshorn, dann geht es los. Bald blitzt die weiße Bäderarchitektur von Sassnitz in der Ferne. »Früher gab es hier 140 Fischerboote, heute sind es noch 20 – Tendenz sinkend«, schallt es aus dem Bordlautsprecher. Dann gleiten die ersten Kreidefelsen vorbei, unter ihnen leuchtet das Wasser der Ostsee milchigweiß, türkisblau und smaragdgrün. Mächtige Buchen klammern sich an die Kante, andere sind an den Strand gestürzt. Wenn Kap Arkona in Sicht kommt, beginnt die Rückfahrt.

9 Uhr

12:30 Uhr

Frühstück vor malerischer Kulisse im Café Peters an der Strandpromenade von Sassnitz (links). Die Erlebnisausstellung des Nationalpark-Zentrums bildet den Auftakt für einen Königsstuhl-Besuch.

11.30 Uhr: Lunch vom Kutter

Sind Sie hungrig geworden von der Seeluft? Den passenden Snack gibt es direkt im Hafen am blauen Räucher-Kutter »Heimat«, der schon 1936 vom Stapel lief. Seit 1971 ist er in der Hand einer Familie, die Back- und Räucherfisch im Brötchen verkauft. Auf dem Kutter »Fischland« gleich nebenan können Sie es sich auch auf dem Sonnendeck bequem machen.

12.30 Uhr: Eintauchen in die Urgeschichte

Mit dem Auto gelangen Sie nach Hagen und dann mit dem Shuttlebus weiter zum ❶ ★★ Nationalpark-Zentrum am Königsstuhl (S. 39). Der Audioguide führt Sie in die Tiefen des Kreidemeers, ein multimediales Abenteuer für (fast) alle Sinne: Es gibt Objekte zum Sehen, Hören und Tasten. Heben Sie sich den Blick vom Königsstuhl als i-Tüpfelchen des Besuchs auf.

14 Uhr: Wilder Wald am Meer

Es ist nicht weit bis zur Viktoria-Sicht, dem Postkartenblick auf die Kreidefelsen. Der Aussichtspunkt ist das Highlight einer regelmäßigen Kurzführung mit einem Parkranger unter dem Motto »Wilder Wald am Meer« (S. 41).

15.30 Uhr: Pause überm Meer

Wenn Sie eine Kaffeepause einlegen möchten, sitzen Sie auf der Terrasse des Panorama Hotels in ⓮ Lohme (S. 56) ganz dicht am Meer und genießen den tollen Blick.

14 Uhr

Ein Spaziergang entlang des Hochuferwegs und durch den UNESCO-geschützten Buchenwald zählt zu den Höhepunkten einer Rügen-Reise.

16.30 Uhr: Mystische Stimmung im Märchenwald

Durch die Kiefernhaine des schmalen Landstreifens der Schaabe erreichen Sie die Halbinsel Wittow. Im Gegensatz zum Kap Arkona erleben Sie Rügens Nordspitze bei einem Spaziergang durch den »Märchenwald« nahe der Siedlung Schwarbe beschaulich und verwunschen. Knorrige alte Stämme, vom rauen Wind gebogen und von Moos bedeckt, säumen den Pfad entlang des Hochufers.

18 Uhr: Abendessen im ältesten Gasthof

In der Wieker Chronik steht es schwarz auf weiß: Im Jahr 1455 wurde erstmals im Schifferkrug Kuhle ausgeschenkt. Das Gasthaus gibt es heute noch: Unter alten Holzbalken und umgeben von historischen Stichen können Sie im ältesten Gasthof Rügens leckere Fischküche genießen. Als Vorspeise sollten Sie sich die »Pommern-Tapas« nicht entgehen lassen – Hering frisch von der wilden Küste.

Café Bäckerei Peters
✞ 209 D2
✉ Hauptstr. 66, Sassnitz
🕐 tägl. 7–17 Uhr

Räucherkutter »Heimat« und »Fischland«
✞ 209 D2 ✉ im Hafen von Sassnitz
🕐 tägl. 10–18 Uhr

Schifferkrug Kuhle
✞ 207 D5
✉ Hauptstr. 2, 18556 Dranske OT Kuhle
☎ 038391 93 88 45
🕐 tägl. 12–21 Uhr,
in der Nebensaison kürzer

MEIN TAG

❶ ★★ Nationalpark Jasmund

Was?	Erwanderung der Kreidefelsen vom Wald und Wasser her
Warum?	Kleinster und einer der schönsten deutschen Nationalparks
Wann?	Morgens, wenn die Sonne auf die Kreideküste fällt
Wie lange?	Zweistündige Stippvisite bis ganztägige Wanderung
Was noch?	Der Nationalpark veranstaltet Rangertouren unterschiedlicher Länge
Was nehme ich mit?	Ohne einen Hühnergott oder Donnerkeil kehrt kaum jemand vom Strand zurück

Imposante Kreidefelsen, dichte Buchenwälder und ein beeindruckendes Multimediazentrum machen den Nationalpark Jasmund zu einem beliebten Ausflugsziel. Während sich am Königsstuhl zur Hochsaison die Menschenmassen drängen, genießen Sie in den Wäldern die stille Schönheit der Natur.

Der kleinste Nationalpark Deutschlands hat auf rund 30 km² Fläche eine atemberaubende Landschaft zu bieten. Allein zwei Drittel des Parks gehören zur Stubnitz, einem Waldgebiet, das im Süden hinter der Stadtgrenze von Sassnitz (S. 46) beginnt und im Norden bis zur Gemeinde Lohme (S. 52) reicht. Wenn Sie vom zentralen Parkplatz Hagen aus dem 3 km langen Weg zum Königsstuhl – mit 118 m Höhe der größte Kreidefelsen Rügens – folgen, ist unterwegs die ganze Vielfalt der Natur zu sehen: endlose Buchenwälder, die inzwischen zum Weltnaturerbe gehören, blühende Orchideen, Moore und Seen.

Mit der Stille der Natur ist es allerdings so eine Sache, denn zur Hochsaison sind Sie in diesem Wald definitiv nicht allein: Da die Kreidefelsen neben dem Kap Arkona (S. 42) als Wahrzeichen Rügens gelten, ist der Besuch für die jährlich weit über 6 Mio. Übernachtungsgäste auf Rügen gewissermaßen Pflichtprogramm. Dementsprechend voll sind die Shuttlebusse vom Parkplatz Hagen zum Königsstuhl. Früh am Morgen oder nach 17 Uhr finden Sie aber auch auf den Kreidefelsen noch ein bisschen Beschaulichkeit.

Königlicher Blick von der höchsten und berühmtesten Kreidefelsformation Rügens

Majestätische Kreidefelsformation

Der Sage nach mussten früher die Bewerber für den Thron diesen Kreidefelsen hinaufklettern. Wer als Erster oben ankam, wurde Herrscher – daher der Name <u>Königsstuhl</u>. Um den Bestand des Wahrzeichens auch in Zukunft zu gewährleisten, ist der Bau einer Aussichtsbrücke geplant, des sogenannten Königswegs. Er wird völlig neue Blicke ermöglichen und den Kreidefelsen entlasten. Nicht nur der beeindruckende Blick in die Tiefe zieht die Besucher in den Bann, sondern auch ein <u>Multimediazentrum</u>. Mit allerlei technischer Raffinesse wird Ihnen hier die Natur des Nationalparks nähergebracht. Rund zwei Stunden brauchen Sie, um die Ausstellung in Ruhe anzuschauen. Ein Highlight sind die 15-minütigen Shows im Multivisionskino. Hier lernt man den Nationalpark zu allen Jahreszeiten u. a. aus der Adlerperspektive kennen.

Der einst so beliebte Treppenabgang am Königsstuhl wurde aus Sicherheitsgründen geschlossen. Nun gibt es im Nationalpark nur noch zwei <u>Treppenwege</u>, auf denen man zum Strand absteigen kann, um den Blick von unten auf die imposanten Kreidefelsen zu erleben: Beide liegen am <u>Hochuferweg</u> zwischen Sassnitz und dem Königsstuhl. Bei einem Strandspaziergang auf dem Abschnitt zwischen den Treppen (Achtung, festes Schuhwerk erforderlich!) wird man zum Jäger und Sammler, denn hier liegen viele Muscheln und Hühnergötter zwischen den Steinen. Etwas schwieriger ist es, Donnerkeile zu finden. Achtung: Es kann zu Abbrüchen an der Steilküste kommen.

Balkon mit dem besten Blick
Bei einem Spaziergang am Hochuferweg sollte man die gekennzeichneten Wege nicht verlassen. Den schönsten Blick auf den Königsstuhl haben Sie von der rund 300 m südlich gelegenen Viktoria-Sicht. Wie ein Balkon hängt seit dem Ende des 19. Jhs. eine Aussichtsplattform über dem Kreidefelsen. Benannt wurde der Punkt nach der damaligen Kronprinzessin Viktoria, die 1865 hier zu Besuch war.

Verlorene und neue Wahrzeichen
Neben dem Königsstuhl waren die Wissower Klinken ein Wahrzeichen der Kreideküste im südlichen Gebiet des Nationalparks. Im Februar 2005 brachen die Kreidekliffs, die bis zu 20 m hoch in den Himmel ragten, jedoch ab und 50 000 m³ Kreide stürzten ins Meer, 2010 kam es zu einem weiteren Abbruch. Jetzt sind leider nur noch die Stümpfe dieser einst so markanten Felsen zu sehen.

Nur wenige Meter von den Kliffs entfernt liegt das 2017 eröffnete UNESCO-Welterbeforum in der ehemaligen Ausflugsgaststätte »Waldhalle«. Es dient als zweites Besucherzentrum des Parks mit einer Ausstellung über Buchenwälder und einem Imbiss.

Einen Kilometer weiter nördlich befindet sich mit der Ernst-Moritz-Arndt-Sicht ein weiterer Aussichtspunkt mit Blick auf das Meer und die Felsenküste.

Am Hochuferweg an Rügens Steilküste ergeben sich immer wieder schöne Ausblicke auf Strand und Meer.

Slawische Burg und Waldsee

Von der ehemaligen slawischen Fluchtburg Herthaburg ist ein ringförmiger, 90 m langer und 10 m hoher Erdwall übrig geblieben. Hier verschanzten sich die Bewohner des Jasmund, wenn Feinde in Sicht kamen. Am Rande des Wanderwegs vom Parkplatz Hagen zum Königsstuhl liegt die Burg links, am Ufer des idyllischen, sagenumwobenen Herthasees. Benannt wurden Burg und Waldsee nach der germanischen Erdgöttin Hertha.

Der Herthasee: sagenumwobener See im Nationalpark Jasmund

KLEINE PAUSE
Das **Selbstbedienungs-Bistro im Nationalpark-Zentrum** hat Snacks aus regionaler Produktion vom Fischbrötchen bis zum Gulasch im Angebot, die man drinnen oder auf der Terrasse genießen kann. Im Winter gibt es auch Glühwein.

✛ 209 D/E 2/3
Nationalpark-Zentrum Königsstuhl
✉ Stubbenkammer 2, Sassnitz
☎ 038392 66 17 66 ⊕ www.koenigsstuhl.com 🕐 November–März 10–17, April, Mai, Sept., Okt. 9–18, Juni–Aug. 9–19 Uhr 💶 10 €

UNESCO-Welterbeforum
✉ Waldhalle 1, Sassnitz
☎ 038392 64 97 60 ⊕ welterbeforum.koenigsstuhl.com 🕐 April–Oktober tägl. 10–17, Nov.–März Fr–So. 11–16 Uhr

Rangertouren
✉ Stubbenkammerstr. 1, Sassnitz
✉ Nationalparkamt ☎ 038392 350 11
⊕ www.nationalpark-jasmund.de

Ein neuer Radweg von Sassnitz zum Königsstuhl wurde im Mai 2019 freigegeben.

❸ ★★ Kap Arkona

Was?	Leuchtturm-Hopping und Spaziergang ins Fischerdorf Vitt
Warum?	Echtes Nordkap-Feeling
Wann?	An schönen Sommertagen kann es sehr voll werden
Wie lange?	Halber Tag
Was noch?	Musik- und Theaterabende im Helene-Weigel-Haus
Was nehme ich mit?	Sanddornlikör aus eigener Herstellung vom Rügenhof in Putgarten

Die Leuchttürme an Rügens Steilküste sind ein Wahrzeichen der Insel und beliebtes Ausflugsziel. Bei gutem Wetter sieht man von oben weit über die Insel. Bis die Dänen das Christentum brachten, stand hier die sagenumwobene Arkonaburg der Ranen, ein Tempel für Gott Svantevit.

Von Vitt aus ist die Steilküste am Kap Arkona zu erkennen.

Wenn es regnet, ist es hier am schönsten: Nirgendwo sind die Regenbögen bunter, wenn die Sonne wieder durch den Wettervorhang lugt! Und das Gras am Rand der Steilküste leuchtet in sattem Grün! Einen grandiosen Ausblick bietet die Aussichtsplattform des Neuen Leuchtturms. Er reicht aus 35 m Höhe über den ganzen Norden der Insel. Der kleinere und ältere Schinkelturm ist derzeit nicht zu besichtigen. Entworfen wurde er im Jahr 1827 von dem berühmten Bauherrn Karl Friedrich Schinkel.

Wer die frische Luft am Kap genießen möchte, nimmt am besten in Richtung Vitt die Veilchentreppe hinab zum Strand. 42 m führen die Stufen in die Tiefe. Wer Kreidefelsen am Kap vermutet, wird enttäuscht sein. Die sandige Steilküste ist schon seit Mitte des 19. Jhs. mit einem sogenannten Deckschutz gepflastert, aus Angst vor Abbruch, die nicht unberechtigt ist.

Slawischer Gottestempel

An der Steilküste steht der Slawische Burgwall. Er ist der Rest der großen Jaromarsburg, des Heiligtums der slawischen Ranen, die den Gott Svantevit (S. 16) verehrten. Weil ständig Teile der Wallanlage ins Meer stürzen, ist sie für Besucher gesperrt. Ein Wettlauf mit der Zeit hat für Archäologen schon längst begonnen, in Notgrabungen versuchen sie zu retten, was noch zu retten ist. Einst, so viel ist sicher, befand sich hier ein quadratischer Tempel mit einer 8 m hohen Svantevit-Statue.

Zwei der drei Türme am Kap Arkona: der Schinkelturm (links) und der Neue Leuchtturm

Die Dänen hatten sehr viel Mühe, diesen heidnischen Platz zu erobern und das Christentum auf der Insel zu etablieren. 1168 waren die Skandinavier schließlich doch erfolgreich und sorgten dafür, dass der Kult um Svantevit ein Ende nahm. Die Tempelburg wurde zerstört, die Statue zu Fall gebracht. Aus dem Holz und den Steinen der Befestigungsanlage bauten die Dänen u. a. die erste Kirche auf Rügen (S. 50).

Ein Modell der Tempelburg, so wie sie einmal aussah, ist übrigens im Innern des Peilturms zu sehen. Dieser 1929 erbaute Turm diente einst der Marine für Ortungszwecke.

Malerisches Fischerdorf

Versteckt in einer kleinen Bucht zwischen den Kliffs der Steilküste duckt sich eine Handvoll reetgedeckter Fischerhäuser. Das gesamte Dorf Vitt steht unter Denkmalschutz. Während im Sommer viele Busgruppen zwischen den Häusern umherlaufen und fotografieren, empfängt den Besucher in der Nebensaison ein uriges Fischerdorf mit einem herrlichen Blick vom Hafen aus auf Kap Arkona.

An der Landstraße nach Putgarten am Ortsausgang steht die hübsche achteckige Vitter Kapelle aus dem Jahr 1806. An manchen Nachmittagen finden hier Konzerte statt (Infos über Pfarramt Altenkirchen S. 51). Theaterabende veranstaltet das Helene-Weigel-Haus in Putgarten.

Sowohl Vitt als auch das Kap Arkona sind während der Hochsaison vom Parkplatz Putgarten aus mit der Arkonabahn erreichbar, die alle 15 Minuten verkehrt, sowie mit Pferdekutschen – und natürlich zu Fuß.

Hofmarkt des Rügenhofs in Putgarten (links) und Wandmalerei in der Kapelle von Vitt (rechts).

KLEINE PAUSE

Auf dem Weg vom Kap Arkona zum Parkplatz können Sie im **Utspann** in Putgarten (Dorfstr. 24, tägl. 12–20 Uhr) eine Pause einlegen. Trotz des touristischen Gedränges ist das ein gemütlicher Ort zum Verschnaufen mit guter Hausmannskost.

✛ 208 B5
Neuer Leuchtturm
❷ April 10–16, Mai 10–17, Juni–Sept. 10–18, Okt. 10–17 Uhr, Nov.–März geschl. ✦ 3 €

Peilturm
❷ April 10–16, Mai/Juni 10–17, Juli/Aug. 10–18, Sept. 10–17, Okt. 10–18, Nov. bis März 11–16 Uhr ✦ 3 €

Schinkelturm
❷ derzeit innen nicht zu besichtigen (nur für Hochzeiten)

Arkona-Informationsamt
✉ Am Parkplatz 1, 18556 Putgarten
☎ 038391 130 37
🌐 www.kap-arkona.de
❷ Juli/Aug. 10–18, Sept. 10–17, Okt. 10–16 Uhr

Magischer Moment

Zitrone des Nordens

Jeden Herbst erglühen Teile Rügens in leuchtendem Orange: Wenn der Sanddorn reif ist, scheinen die sonst unscheinbaren Büsche in Flammen zu stehen. Bei einem Besuch am Kap Arkona können Sie bei der Ernte dabei sein, wenn die »Zitrone des Nordens« gesammelt wird. Auf der Plantage des Rügenhofs rücken Sie unter Anweisung von Ernst Heinemann den dornigen Büschen mit Handschuhen und Schere zu Leibe. Naschen ist inklusive – schon sechs der goldenen (aber sauren) Perlen decken Ihren Vitaminbedarf eines Tages. Zum Aufwärmen danach gibt es heißen Sanddornsaft.
Infos/Buchung: Rügenhof in Putgarten, Tel. 038391 130 37, www.kap-arkona.de/ruegenhof.html

⓫ Sassnitz

Was?	Bummel durch die Altstadt, dann ein Fischbrötchen im Hafen
Warum?	Hafenstadt mit Charme
Wie lange?	Drei bis vier Stunden
Was noch?	Eine Schiffstour zu den Kreidefelsen
Was nehme ich mit?	Sassnitz ist ein idealer Ausgangspunkt im Norden für aktive Urlauber, die auf Badeurlaub keinen großen Wert legen

Zuerst Fischerdorf, dann Seebad, später Fischereihafen und Tor zum Nationalpark Jasmund: In der Stadt Sassnitz sind heute mehrere Epochen lebendig. Die Altstadt erstreckt sich idyllisch über die Hügel, im Hafen entdecken Sie spannende Museen mit maritimen Themen.

»Nach Rügen reisen heißt nach Sassnitz reisen«, schrieb Theodor Fontane in seinem Roman »Effi Briest«. Schon um 1860 pilgerten die ersten Badegäste in das damalige Fischerdorf. Mangels Budget vergrößerten die Sassnitzer ihre Fischerhäuser einfach um weitere Etagen und bauten hölzerne Veranden an – ein buntes architektonisches Mosaik, das in

Am Stadthafen von Sassnitz ist es selten so ruhig wie auf diesem Bild.

Alt-Sassnitz heute wieder in frischem Glanz erstrahlt. Noch lange nach der Wende lag das Ensemble im Dornröschenschlaf, die Modernisierungswelle kam hier erst später an – und deshalb vielleicht auch behutsamer. Die Bäderarchitektur mit ihren Villen und Pensionshäusern schmiegt sich an die Hügel, dazwischen liegen kleine Blumengärten.

Immer wieder lädt eine Galerie, ein Künstleratelier oder Café zum Anhalten ein. Man spaziert über Kopfsteinpflaster und Treppen, dazwischen öffnet sich hin und wieder ein Fenster zum Meer – die Atmosphäre ist dadurch fast mediterran geprägt. Dennoch wanderten die Badegäste um die Wende zum 19. Jh. nach Binz oder Sellin ab – schließlich hat Sassnitz keinen Sandstrand.

Promenaden im Stadthafen

Die Altstadt endet an der Strandpromenade. Hier liegt der kleine Kurpark mit einem Musikpavillon, dessen ungewöhnliche Schalenkonstruktion der Architekt Ulrich Müther entwarf. Gleich dahinter beginnt der Nationalpark Jasmund. Der 105 m lange Steg ist baufällig und darf nicht betreten werden – gut für die gern hier rastenden Kormorane und Möwen.

Begehbar ist dagegen die 1444 m lange Mole im Hafen – sie wurde nicht zum Spazieren, sondern zum Arbeiten gebaut: Sassnitz ist traditionell Fähr- und Fischereihafen. Der Fährbetrieb mit Verbindungen nach Skandinavien wird heute jedoch im benachbarten Mukran abgewickelt. An der Mole legen auch die Ausflugsschiffe (S. 61) zur Kreideküste oder in Richtung Binz und Mönchgut ab.

Eine elegant geschwungene Fußgängerbrücke verbindet den Hafen mit dem Stadtzentrum und überwindet dabei 22 m Höhenunterschied. Der filigrane Bau wurde 2010 mit dem Deutschen Brückenpreis in der Kategorie »Fuß- und Radwegbrücken« ausgezeichnet. Von oben hat man eine schöne Aussicht.

Maritime Museen

Doch zuvor lohnt ein Blick in zwei Museen im Hafen: Die Gründung des Fischerei- und Hafenmuseums nach der Wende ging auf eine Initiative von Sassnitzer Bürgern zurück. Es dokumentiert eine Fülle von Themen, von der Entwicklung der Fischerei über Bäderschifffahrt und Postdampferverkehr bis zum Seenotrettungswesen. Auch eine Sammlung mit Buddelschiffen ist zu sehen. Das Schiff »Havel«, ein 26 m langer Stahlkutter, liegt vor dem Museum vor Anker. Es war zu DDR-Zeiten im VEB-Fischkombinat im Einsatz. Eine geführte Tour informiert über die Arbeitsbedingungen an Bord.

In der Erlebniswelt U-Boot ankert die »H. M. S. Otus«, ein ausgemustertes britisches U-Boot, das mit rund 70 Mann Besatzung vor den Falkland-Inseln und im Persischen Golf im Einsatz war. Es gehört zu den größten nichtnuklearen U-Booten und verdrängt beim Tauchen über 2400 t Wasser. Beim Besuch der engen, stählernen Gänge des ursprünglich 1963 in Dienst gestellten, 2002 in Sassnitz als Museumsschiff öffentlich zugälgnlich gemachten U-Boots spüren Sie einen authentischen Eindruck von der geheimnisvollen, auch beklemmenden Atmosphäre auf einem Unterwassergefährt.

KLEINE PAUSE
Ein Mix aus Bar, Café, Buchhandlung und Kolonialwarenladen hat mit **Dahlmanns Bazar** (Tel. 038392 67 74 76, www.dahlmannsbazar.de, Juli/Aug. Mo–Sa 13–22, Sept.–Juni Di bis Sa 13–22 Uhr) am Alten Markt Platz gefunden. Das Thema »Inseln« zieht sich durch Sortiment und Getränkekarte. Es gibt Snacks, Kaffee und Weine – neben ausgewählten Rügen-Produkten auch exotische Schokoladen, Island-Salz, karibischen Rum und vieles andere mehr.

---

 209 D/E2

Touristikamt Sassnitz
✉ Strandpromenade 12, 18546 Sassnitz
☎ 038392 64 90
⊕ www.insassnitz.de ❶ Mai–Okt.
Mo–Fr 9–17, Sa/So 10–16 Uhr

Fischerei- und Hafenmuseum
✉ Im Stadthafen ☎ 038392 578 46
⊕ www.hafenmuseum.de
❶ Ende März–Okt. tägl. 10–18 Uhr,
Kutter-Havel nur 11–16 Uhr, sonst
siehe Website ✦ 5 €

Erlebniswelt U-Boot
✉ Hafenstraße/Fußgängerbrücke
☎ 038392 67 78 88
⊕ www.hms-otus.com
❶ Feb.–April, Nov./Dez. tägl. 10 bis 18,
Mai–Juni, Sept./Okt. tägl. 10–18, Juli/
Aug. tägl. 10–19 Uhr, Jan. ab 2. KW nur
Sa/So ✦ 8,50 €

Die Villa Hertha zählt zu den schönsten Häusern der Bäderarchitektur in Sassnitz.

Die längste Außenmole Europas schützt den Hafen von Sassnitz.

Die Hängebrücke von Sassnitz ist nicht nur elegant, sondern auch praktisch, schafft sie doch eine schnelle Verbindung zwischen Zentrum und Hafen.

⓬ Dorfkirche Altenkirchen

Was?	Älteste Dorf- und Pfarrkirche der Insel
Warum?	Spannende slawische und christliche Symbole
Wie lange?	Eine halbe Stunde
Was noch?	Zahlreiche alte Grabsteine auf dem Friedhof und das Großsteingrab Nobbin Richtung Putgarten
Resümee	Mystischer Ort der Slawen, den einst Mönche übernahmen

Viele Symbole in der ältesten Dorfkirche Rügens zeugen noch vom alten Ranen-Kult um den Gott Svantevit. Ebenfalls faszinierend sind die erstaunlichen Tierfresken in der Kirche aus dem 13. Jh.

Auf einem alten slawischen Begräbnisplatz ließen dänische Mönche im 12. Jh. Rügens erste christliche Dorfkirche errichten. Vom Dorf Altenkirchen war zu dieser Zeit noch nichts zu sehen – und so ist Altenkirchen einer der wenigen Orte, wo zuerst die Kirche stand und dann die Wohnhäuser nach und nach hinzukamen.

Verhöhnung des Slawengottes
Etliche Steine der Kirche stammen sehr wahrscheinlich von der zerstörten Tempelburg am Kap Arkona (S. 43). Rechts vom Altar befand sich der Haupteingang. In einem kleinen Vorraum legten früher die Gemeindemitglieder Mäntel und Waffen ab. Hier hatte jeder einen Platz mit seinem Zeichen, der sogenannten Hausmarke (S. 17), sodass nichts verwechselt werden konnte. Bevor die Männer in den Kirchensaal gingen, spuckten sie auf einen Stein in der Wand mit dem Abbild Svantevits oder eines seiner Priester. Noch heute sieht man auf diesem Stein ganz deutlich die Umrisse des Ranen-Gottes bzw. -Priesters mit dem Füllhorn im Arm. Das Spucken sollte Abscheu gegenüber dem alten Glauben symbolisieren.

Im dreischiffigen Kirchensaal selbst ist vor allem der 1250 aus Gotlandkalk geschaffene Taufstein mit den vier Köpfen bemerkenswert, die die vier christlichen Paradiesströme symbolisieren. Den Taufengel (1730) und den Altar mit Barockaufsatz (1724) schuf der Bildhauer Elias Keßler aus Stralsund. Besonders bemerkenswert sind die Wand- und Deckenmalereien aus dem 13. Jh.

Tierische Wandmalereien

Die Taube oberhalb der ersten Fensterluke rechts soll an Noah erinnern, der nach der Sintflut eine Taube fliegen ließ. Mit dem Hahn im zweiten Kreuzrippenbogen vor der Apsis

Mittelalterliches Kleinod: Dorfkirche Altenkirchen

wird der vorchristlichen Zeit gedacht, in der die Ranen ihrem Gott Svantevit einen Hahn pro Familie und Monat opfern sollten, um ihn gnädig zu stimmen. Der Pelikan mit der Lilie oberhalb des Kruzifixes steht für das Gleichnis des Pelikans, der sich die Brust aufpickt, um mit dem Blut seine Küken zu nähren. Er symbolisiert den Opfertod Jesu Christi, die Lilie steht für Reinheit. Das Schwein im zweiten geschlossenen Fenster links soll den Teufel darstellen.

KLEINE PAUSE

Direkt gegenüber der Kirche liegt das **Hofcafé Altenkirchen** (Karl-Marx-Platz 4, Tel. 038391 897 01, im Sommer ab 12 Uhr). Hier gibt es frischen Kuchen, aber auch selbst geräucherten Fisch.

✝ 207 E4
✉ An der Kirche 1
☎ 038391 366

⊕ www.kirche-altenkirchen-ruegen.de ❶ im Sommer tägl. 8–18 Uhr, Konzerte an Sommerabenden

Nach Lust und Laune!

13 Lietzow
Wahrzeichen des Örtchens am Damm zwischen Kleinem und Großem Jasmunder Bodden ist das Schlösschen (1893) auf einer Anhöhe über dem Dorf, eine kleine Kopie von Schloss Lichtenstein auf der Schwäbischen Alb. Das Schloss ist in Privatbesitz und kann nicht besichtigt werden. Nördlich von Lietzow befindet sich der historische Waldpark Semper, wo man herrlich zwischen Buchen und Bodden wandern kann (S. 190).

Von Weitem sichtbar: das Schlösschen Lietzow, das privat genutzt wird

✣ 208 C1

14 Lohme
Die herrliche Lage am Rande des Nationalparks Jasmund und das beeindruckende Steilufer zur Ostsee hinunter machen Lohme zu einem ganz besonderen Ort. Im hiesigen Panorama Hotel befindet sich zudem ein Restaurant, das zu den besten der Insel zählt (S. 56). 243 Stufen führen vom Dorf hinab zum kleinen Fischerhafen. An klaren Tagen können Sie bis zum Kap Arkona schauen. Und herrlich ist es auch, hier den Sonnenuntergang zu erleben. Der Schwanenstein, ein riesiger Findling aus rotem Granit, befindet sich östlich des Hafens.

✣ 209 D3

Tourist Information Lohme
✉ Arkonastr. 31, 18551 Lohme
☎ 038302 888 55
🌐 www.lohme.de
🕒 April–Okt. Mo–Sa 10–12, Mo–Fr 15–17, Nov.–März Mo–Sa 10–12 Uhr

15 Kreidebruch Gummanz
Ein alter Kreidebruch in der Nähe der Ortschaft Neddesitz zeugt vom Kreidehandel bis 1962. Über den Abbau des Rohstoffs und seine Verwendung (S. 28) informiert eine interessante Freiluftausstellung mit allerlei Gerätschaften, u. a. alten Loren. Im angeschlossenen Museum erfahren Sie Wissenswertes über die Geologie der Kreide und die Technologie des Abbaus. Spazieren Sie den Lehrpfad (1,5 km) rund um den 130 m hohen Kleinen Königsstuhl mit seinem Grubensee entlang, danach wissen Sie alles über Rügens »Weißes Gold«. Von oben haben Sie einen herrlichen Ausblick über die Insel! Das stattliche Herrenhaus Neddesitz gehörte zu Beginn des

20. Jhs. dem Kreidebruchbesitzer. Heute wird es vom Precise Resort Rügen (S. 57) als elegantes Übernachtungsdomizil geführt.

 209 D3

Kreidemuseum Gummanz
✉ Gummanz 3 A, 18551 Sagard
☎ 038302 562 29
⌘ www.kreidemuseum.de
⏱ 29. März–Okt. tägl. 10–17, Nov. bis März Di–So 11–16 Uhr
🎟 Museum und Freiluftausstellung: 5 €; Lehrpfad: frei

 Bobbin

Der Name des Dorfes bedeutet im Slawischen »Hügel«. Das ist mehr als zutreffend, denn keine andere Ortschaft auf Rügen liegt so erhaben über der Landschaft. Eine der wenigen Feldsteinkirchen Rügens thront in der Mitte des Dorfes. Beachten Sie den barocken Altar von 1668, den General Wrangel einbauen ließ. Auf dem Friedhof befinden sich ein Gruftbau sowie über 250 Jahre alte Grabwangen. Neben dem Parkplatz an der Kirche gibt es einen gut sortierten Hofladen (S. 60). Südlich des Orts bietet der 60 m hohe Tempelberg eine grandiose Aussicht.

 208 C3

St.-Pauli-Kirche Bobbin
☎ 038391 366
⏱ Ostern–Okt. tägl. 9–17 Uhr

Schloss Spyker

Leuchtend rot getüncht, ist das Anwesen schon von Weitem zu sehen.

Das schwedenrote Schloss Spyker

Heute beherbergt das liebevoll restaurierte Schloss aus dem 14. Jh. ein Hotel mit Kellergasthaus und Gartencafé (S. 57). Zeitweise wohnte hier der schwedische Feldmarschall Graf Karl Gustav Wrangel, der im 17. Jh. die vier markanten Ecktürme hinzufügen ließ. Im Schlosssaal soll ihm 1676 nach einer Niederlage im Krieg gegen Preußen angeblich der Kopf abgeschlagen worden sein.

 208 C3
✉ Schlossallee 1 ☎ 038302 770
⌘ https://schloss-spyker.de ⏱ Zutritt nur für Hotel-/Restaurantgäste

Glowe

Eine moderne Promenade ziert den schönen Badestrand am Hafen des kleinen Badeorts, dahinter tummeln sich Fischerkaten und Pensionen. Hier befindet sich auch Rügens jüngste Kirche, im Stil einer Finnhütte. Für DDR-Verhältnisse war die Einweihung der St.-Birgitta-Kapelle im Jahr 1982 eine kleine Sensation, fristete die Religion damals doch eher ein bescheidenes Nischendasein.

Zwischen Glowe und Juliusruh zeigt sich Rügen von seiner feinsan-

Badefreuden an der Schaabe

digen Seite. Die Schaabe, eine 12 km lange und bis zu 2 km breite Nehrung, gilt als längster Strand der Insel. Er ist auch bei FKK-Anhängern beliebt. Selbst im Hochsommer ist hier mitunter noch ein stilles Plätzchen zu finden. Große Parkplätze hinter dem Dünenwäldchen und ein Fahrradweg neben der Landstraße machen eine bequeme Anfahrt möglich.

✣ 208 B3
Tourist Information Glowe
✉ Boddenmarkt 1, 18551 Glowe
☎ 038302 52 21
🌐 www.glowe.de
🕐 Mo–Fr 8–16 Uhr

19 Breege-Juliusruh

Obwohl offiziell eine Gemeinde, sind Breege und Juliusruh doch zwei grundverschiedene Orte. Während Juliusruh mit feinsandigem Ostseestrand, Eiscafés und Dünenhotels besticht, erwartet die Gäste in Breege ein verträumtes Dorf am Jasmunder Bodden mit Anglern am Hafen und einer Idylle aus reetgedeckten Häusern.

Mehrmals täglich fahren von April bis Oktober Schiffe nach Hiddensee ab (Reederei Kipp, www.reederei-kipp.de). Freizeitkapitäne schätzen die moderne Marina. Einziges Bindeglied zwischen Juliusruh und Breege ist der historische Landschaftspark aus dem 18. Jh., den der damalige Gutsbesitzer Julius von der Lancken anlegen ließ.

✣ 207 E4
Tourist Information Breege/Juliusruh
✉ Wittower Str. 5, 18556 Breege-Juliusruh ☎ 038391 311
🌐 www.ostseebad-breege.de
🕐 Juni–Sept. Mo–Fr 8–17, Sa 9–13, Okt.–Mai Mo–Fr 8–16 Uhr

20 Wittower Fähre

Am südlichen Ende der Halbinsel Wittow wartet die Fähre auf Reisende, die über die 350 m breite Fahrrinne nach Zentralrügen wollen. Während der Hochsaison kann man sich die ca. 20-minütige Wartezeit im Restaurant Wittower Fähre (S. 58) verkürzen. Ein technisches Museumsstück ist neben dem Anleger vertäut: Hier liegt die Fähre, die bis Ende der 1960er-Jahre die damals verkehrende Kleinbahn nach Altenkirchen Huckepack nahm.

⊹ 207 D3 ☎ 03831 268 10
🕐 tägl. April 5.50–20, Mai-Okt. 5.50–21, Nov.–März 5.50–19 Uhr
🌐 www.weisse-flotte.de
💶 Pkw 6,50 €, Person 1,60 €

21 Wiek

Eine der beeindruckendsten Backsteinkirchen Rügens, erbaut um 1400, thront in der Mitte des Dorfes. Ein Halt lohnt sich nicht nur wegen des schönen Altars von 1748 und des Reiterstandbilds aus dem 15. Jh. In Wiek löschten viele Handelsschiffe ihre Ware, daher auch der Name: Wiek bedeutet im Niederdeutschen »Handelsplatz«. Heute verkehren im Sommer Fähren nach Hiddensee (S. 61).

⊹ 207 D4

St.-Georg-Kirche Wiek
☎ 038391 702 26 🕐 geöffnet zu Gottesdiensten So/Fei 9 Uhr

22 Bakenberg

Einen schönen Sandstrand und einen prima Ausblick über das weite Meer teilen sich Camper und Bewohner des Feriendorfs Rugana (www.rugana.de) hinter dem 28 m hohen Hügel. In der Siedlung gibt es ein Schwimmbad. Der Strand ist auch unter FFK-Anhängern beliebt, wenngleich selbst im Sommer hier

Die St.-Georg-Kirche in Wiek besitzt einen freistehenden, hölzernen Glockenturm.

meist ein frisches Lüftchen weht, was wiederum Surfer begeistert.

Sogenannte Bakenberge gibt es übrigens gleich mehrere auf Rügen. Sie dienten einst als Stationen, um Rauch- und Feuerzeichen zu senden: An einem langen Holzstamm wurde oben eine Teertonne befestigt und bei Bedarf der Inhalt entzündet. Auf diese Weise warnten sich die Inselbewohner gegenseitig vor Gefahren.

Der Bakenberg liegt unweit von Dranske. In dem ehemaligen Fischerdorf zeigt das Marinehistorische und Heimatmuseum eine umfangreiche Sammlung zur Geschichte des Orts und der angrenzenden Landzunge Bug, die unter Naturschutz steht.

⊹ 207 D5

Marinehistorisches & Heimatmuseum
✉ Schulstr. 19, 18556 Dranske
☎ 038391 68 71 85
🌐 www.bug-wittow.de
🕐 Juni–Okt. Mo–Sa 11–16 Uhr 💶 5 €

Wohin zum ... Übernachten?

Preise für ein Doppelzimmer pro Nacht (in der Hauptsaison deutlich höher):
€ unter 60 Euro
€€ 60–130 Euro
€€€ über 130 Euro

WITTOW

Aquamaris Strandresidenz Rügen €€–€€€
Zwischen Strand und Dorfstraße liegt die Ferienanlage mit 260 Zimmern, Suiten und Ferienwohnungen in verschiedenen Häusern. Ein schönes Hallenbad, drei Restaurants, Billardtisch und vier Kegelbahnen geben kaum Anlass, das Areal während der Ferien zu verlassen. Die Zimmer und Wohnungen sind praktisch und hell eingerichtet. Tipp: Sagen Sie bei der Buchung, dass Sie keine Wohnung zur befahrenen Landstraße hinaus wünschen.
✛ 207 E4 ✉ Wittower Str. 4, 18556 Juliusruh
☎ 038391 440 ⊕ www.aquamaris.de

Kapitänshäuser Breege €–€€
Direkt am Hafen von Breege gelegen, bieten fast alle Ferienwohnungen einen Blick auf den Breeger Bodden sowie Terrasse oder Balkon. Besonders für Segler eignet sich die Nähe zum neuen Yachthafen. Wer nicht kochen will, isst im hauseigenen Restaurant. Schwimmbad, Sauna, Solarium und Spa lassen auch an grauen Tagen keine Langeweile aufkommen.
✛ 207 E4 ✉ Am Hafen 1–3, 18556 Breege
☎ 038391 420 ⊕ www.kapitaenshaeuser.de

Lieblingsplatz Bohlendorf €€
Liebevoll restauriertes Gut aus dem 18. Jh., umgeben von einem prachtvollen Park. Ernst Casimir von Bohlen ließ sich hier einst nieder, 1992 wurde das Haus zum Hotel umgebaut, 2018 unter neuer Ägide umfassend renoviert. 18 Hotelzimmer u. 2 Apartments im Herrenhaus, 9 Ferienwohnungen Park.
✛ 207 D3/4 ✉ Bohlendorf 6a, 18556 Bohlendorf bei Wiek ☎ 038391 770 ⊕ www.lieblingsplatz-hotels.de/bohlendorf

JASMUND

Bel Air Strandhotel Glowe €€
30 Zimmer und fünf Apartments bieten Strandruhe direkt am 12 km langen Sandstrand der Tromper Wiek. Das Hotel liegt mitten in einem Kiefernwald und lockt mit großer Badelandschaft, Schwimmbad, Sauna und Massagepraxis viele Gäste an.
✛ 207 F3 ✉ Waldsiedlung 3, 18551 Glowe
☎ 038302 74 70
⊕ www.bel-air-hotels.de

Kapitänsmesse €–€€
Pension nahe dem Sassnitzer Hafen mit modernen, aber auch klassischen Möbeln der vorletzten Jahrhundertwende. Die Räume sind großzügig und gemütlich. Schöne Frühstücksterrasse mit herrlichem Blick auf das Meer und die längste Außenmole Europas.
✛ 209 E2 ✉ Walterstr. 8, 18546 Sassnitz
☎ 038392 578 58
⊕ www.kapitaensmesse.de

Perfekte Lage: Panorama Hotel Lohme

Panorama Hotel Lohme €€–€€€
Bestes Hotel am Platz mit wunderbarem Meerblick, hervorragender Küche und sehr gutem Service. Besitzer Matthias Ogilvie wacht persönlich über das Wohl der Gäste. Mehrere Gästehäuser im Dorf, die zum Hotel gehören, offerieren Ferienapartments und weitere Zimmer. Im Gästehaus Grey's ist jedes Zimmer in anderem Stil gehalten.
✛ 209 D3 ✉ An der Steilküste 8, 18551 Lohme
☎ 038302 91 10
⊕ www.panorama-hotel-lohme.de

Precise Resort Rügen €€–€€€
Hotel- und Apartmenthausanlage mit eigenem Erlebnisbad mit Strömungskanal, Tennisplätzen, Shuttleverkehr zum 7 km entfernten Strand in Glowe und Kinderbetreuung. Die weitläufige Landschaft ringsum lädt zu Radtouren und Wanderungen ein. Juwel der Anlage ist das liebevoll restaurierte Gutsherrenhaus.
✢ 208 C2 ✉ Am Taubenberg 1, 18551 Sagard
☎ 038302 95 ⊕ www.precisehotelruegen.de

Schlosshotel Spyker €€
Elegantes Renaissanceschlösschen mit Hochzeitszimmer, gemütlichen Doppelzimmern und Maisonettes. Die Zimmer im Turmerker bieten einen Rundumblick über die Landschaft. Lunchpakete oder Picknickkörbe werden auf Wunsch bereitgestellt. Gäste können wählen zwischen dem hauseigenen Restaurant im Gewölbekeller, dem eleganten Frühstücks-Salon im 1. Stock und dem Gartencafé.
✢ 208 C3 ✉ Schlossallee 1, 18551 Spyker
☎ 038302 770 ⊕ www.schloss-spyker.de

Strandhotel Sassnitz €€–€€€
Elf exklusiv eingerichtete Apartments mit Meerblick, Kaminofen und teilweise mit integrierter Sauna machen den Aufenthalt zum komfortablen Erlebnis direkt an der Seepromenade von Sassnitz. Im Strandcafé des Hauses schmeckt der Kuchen besonders gut.
✢ 209 E2
✉ Rosenstr. 12, 18546 Sassnitz
☎ 038392 677 10
⊕ www.strandhotel-sassnitz.de

Svantekahs €€
Benannt ist diese traditionell im Stil der Bäderarchitektur gehaltene Strandpension nach einem heiligen Stein *(svante kamien* im Slawischen), der im Glower Ortsteil Ruschvitz am Strand liegt. Direkt am Wasser, nämlich am Hafen, liegt auch dieses Gästehaus mit 23 Zimmern, von denen 15 eine Mini-Küche haben. Alle Zimmer ohne Küche sind mit Kühlschrank, Kaffeemaschine, Toaster, Wasserkocher und Geschirr ausgestattet. Es gibt 2-, 3- und 4-Bett-Zimmer.
✢ 208 B3 ✉ Hauptstr. 19, 18551 Glowe
☎ 038302 711 00 ⊕ www.haus-svantekahs.de

Uferresidenz Haus am Meer €€
Schöne Lage an der Treppe zum Hafen. Zu den 2- bis 4-Personen-Apartments gibt's den schönen Meerblick gratis dazu, Sauna und Solarium sind nach Spaziergängen an der frischen Luft eine Wohltat. Im angeschlossenen Restaurant mit regionaler Küche können nicht nur die Hausgäste essen.
✢ 209 D3 ✉ Zum Hafen 7, 18551 Lohme
☎ 038302 885 23
⊕ www.hausammeer-lohme.de

Wohin zum … Essen und Trinken?

Preise für ein Hauptgericht (ohne Getränke):
€   unter 10 Euro
€€   10 bis 20 Euro
€€€   über 20 Euro

WITTOW

Svantevit €€–€€€
Gemütliches Restaurant mit Terrasse in gleichnamigem Hotel. Viele Gerichte werden mit Zutaten vom eigenen Bauernhof (im 10 km entfernten Bohlendorf) zubereitet, z. B. Gänsebraten oder Ente.
✢ 207 E4
✉ Wittower Str. 9–10, 18556 Breege-Juliusruh ☎ 030 567 97 70 ⊕ www.hotel-svantevit.de ❷ Ostern–Okt. tägl. ab 17, im Sommer auch 12–15 Uhr

Zum Alten Fischer €
Gehobene Küche im traditionsreichen Hafen von Breege. Nach einem Bootsausflug zur Insel Hiddensee können Sie hier einkehren und sich für den Heimweg stärken. Serviert wird nordische Küche, auch mit vegetarischen und veganen Optionen. Eine Spezialität ist die Fischsuppe Breeger Art.
✢ 207 E4 ✉ Am Hafen 1–3, 18556 Breege
☎ 038391 425 55 ⊕ www.kapitänshäuser.de
❷ Mo–Fr 8–10 und 17–20, Sa/So 8–10 und 12.30–20 Uhr

Zum Goldenen Anker €€

In der gemütlichen Bauernkate geht es im Sommer hoch her, meistens sind die Tische besetzt. Kein Wunder, ist doch der Fisch frisch und das Gasthaus das beste in Vitt. Früher besaß der Schankraum immer genau so viele Stühle, wie das Dorf Einwohner hatte. Vor dem Ausflug nach Kap Arkona am besten einen Tisch reservieren lassen und dann nach dem Spaziergang bis nach Vitt dort einkehren. Es gibt Deftiges wie Fischsuppe und natürlich Hering in allen erdenklichen Variationen. Vitt heißt übersetzt schließlich Heringshandelsplatz.
✣ 207 F5 ✉ Vitt Nr. 2, 18556 Putgarten
☎ 038391 121 34 ⊕ www.gasthof-vitt.de
❶ tägl. ab 11 Uhr

Zum Kap Arkona €€–€€€

Das kleine, modern gehaltene Restaurant mit schöner Terrasse lädt Besucher des nahe gelegenen Namensgebers zu einer Rast ein. Frische, gutbürgerliche Küche wird schnell und freundlich serviert. Wer möchte, kann auch übernachten. Im Haus befindet sich ein Dreisternehotel. Familiäre Atmosphäre.
✣ 207 F5 ✉ Dorfstr. 22 A, 18556 Putgarten
☎ 038391 43 30 ⊕ www.zum-kap-arkona.de
❶ tägl. 13–21 Uhr

Zur Wittower Fähre €–€€

Von der Terrasse des gutbürgerlichen Restaurants haben Sie einen herrlichen Ausblick über den Breetzer Bodden. Viele Radwanderer machen hier gerne Rast. Eis und Fischbrötchen gibt es zum Mitnehmen. Es werden auch Zimmer vermietet.
✣ 207 D3 ✉ Wittower Fähre Nr. 9, 18556 Wiek
☎ 038391 703 34 ⊕ www.pension-wittow.de
❶ tägl. ab 12 Uhr

JASMUND

Panorama-Café €

Die Geschichte des Rügenhotels lässt sich nicht verleugnen: Der Plattenbau ragt weithin sichtbar über die Silhouette von Sassnitz auf. Dafür befindet sich hier das Café mit dem besten Ausblick der Stadt: Die Sicht reicht weit über Sassnitz und die Ostsee. In puristischem Ambiente werden hier hausgemachte Torten und Kuchen aus dem Rosencafé in Putbus serviert.
✣ 209 E2 ✉ Seestr. 1, 18546 Sassnitz
☎ 038392 56 21 ❶ tägl. 13–17 Uhr

Restaurant Daheim €€

Nettes Restaurant mit hübschem Außenbereich. Fischgerichte dominieren die Karte, wie wäre es mal mit Labskaus? Vegetariern

Eine Institution in Sassnitz: »Gastmahl des Meeres« an der Strandpromenade

sei der Grünkohlhanfburger empfohlen oder wie wäre es mit einem Dinkelpfannkuchen?
✢ 209 D3 ✉ Arkonastr. 10 u. 12, 18551 Lohme
☎ 038302 93 52 ⊕ www.restaurant-daheim-lohme.de ❶ Mo, Di Ruhetag

Gastmahl des Meeres €€
Traditionsreiches Fischspezialitätenrestaurant direkt an der Promenade. Von der Terrasse aus hat sie einen schönen Blick auf das Treiben am Wasser. Innen schaffen Lampen und Schiffsmodelle eine maritime Atmosphäre. Die Auswahl ist überwältigend, von Aal- und Muschelsuppe über Fisch im Bierteig oder aus der Pfanne bis zu diversen Herings- und Forellengerichten.
✢ 209 E2 ✉ Strandpromenade 2, 18546 Sassnitz ☎ 038392 51 70
⊕ www.gastmahl-des-meeres-ruegen.de
❶ tägl. 12–14 und 17–22 Uhr

Kleine Försterei €€–€€€
Wild ist die Spezialität des Hauses, das auch eine kleine Pension beherbergt. Rehbraten, Wildschwein und Hirsch kommen frisch auf den Tisch, meist aus dem Nationalpark Jasmund (neben dem Gasthof liegt ein 90 000 m² großes Damwildgehege). Im Sommer ist das Lokal durch die Nähe zum Parkplatz am Eingang zum Nationalpark oft gut besucht. Am besten essen Sie hier abends, wenn die meisten Besucher schon wieder ihrer Wege gezogen sind. Gäste können kostenlos parken, auch wenn sie hinterher noch den Nationalpark besuchen wollen.
✢ 209 D3
✉ Stubbenkammerstr. 68, 18551 Lohme
☎ 038302 900 17
⊕ www.kleine-foersterei-ruegen.de
❶ Fr–Di 12–21, Do 17–21 Uhr, Mi geschl.; im Winter zum Teil nur Fr–So

Ostpreußische Hafenräucherei €–€€
Fischgaststätte, in der vor den Augen der Gäste die Fische in den Rauch gehängt werden. Es riecht nach Holz und Rauch und natürlich nach Aal, Hering und Dorsch. Die großen Portionen kommen wahlweise mit Kraut- oder Kartoffelsalat auf den Teller. Wegen der Größe des Lokals kann es auch mal lauter werden. Aber dann nimmt man seinen Fisch einfach mit und setzt sich an die Kaimauer.
✢ 209 E2 ✉ Hafenstr. 12 D, 18546 Sassnitz
☎ 038392 365 04 ⊕ www.ostpreussische-hafenraeucherei.de ❶ tägl. 9–20 Uhr

Puszta €€
Das ungarische Restaurant verköstigt Urlauber und Einheimische mit ungarischen Spezialitäten: Kesselgulasch, Palatschinken und die üppige Pusztaplatte für zwei Personen sind eine deftige Alternative zum täglichen Fischgericht.
✢ 208 C2 ✉ August-Bebel-Str. 14,18551 Sagard ☎ 038302 37 16 ⊕ www.puszta-ruegen.de ❶ Mo, Di, Do–Sa 17–21 Uhr

Villa Italia €€
Aus allen Ecken der Insel strömen die Einheimischen nach Sagard, um hier bei Familie Proce italienische Küche zu genießen. Die umfangreiche Speisekarte lässt keine Wünsche offen, auch Pizza und liebevoll dekorierte Desserts sind zu haben.
✢ 208 C2 ✉ Ernst-Thälmann-Str. 46, 18551 Sagard ☎ 038302 719 23v⊕ www.villa-italia-ruegen.de ❶ Mi–So 17–22 Uhr

Wohin zum … Einkaufen?

FISCH

Frischen Fisch können Sie fast an jedem Hafen bekommen. Fragen Sie die Fischer, wann der Fang verkauft wird. Im Sassnitzer Stadthafen bietet der Kutterfisch (Mo-Do 7–15.30, Fr 7–13.30 Uhr) geräucherten Aal, Dorsch, Scholle u. v. m. zum Mitnehmen und Gleichessen.
Im Sassnitzer Seglerhafen und im Stadthafen liegen mehrere Räucherschiffe, die geräucherten Fisch verkaufen.
Fischkonserven kaufen Sie am Sassnitzer Hafen günstig direkt beim Hersteller Rügenfisch (Str. der Jugend 10, Tel. 038392 600, Mai–Okt. Mo-Sa 9–18, So 10–17, Nov.–April Mo–Sa 10–17 Uhr). Hier laufen täglich rund Hunderttausende Dosen vom Band. Für die

sogenannten Knickdosen zahlen Sie nur einen Bruchteil des Ladenpreises. Im angegliederten Bistro munden u. a. Fisch-Soljanka und Lachssalat.

HOFLÄDEN UND SPEZIALITÄTEN

Hofladen Bobbin
In einem ehemaligen Stall des Hofs Bobbin werden seit ein paar Jahren Erzeugnisse des Biohofs und regionale Inselprodukte verkauft: Sanddornprodukte, Honig, Marmelade, Wolle, Säfte und Eier.
✝ 208 C3 ✉ Oberdorf 5 A, 18551 Glowe OT Bobbin ☎ 038302 88 77 57 ⊕ www.hofladen-bobbin.de ❶ Mai–Sept. Mo-Sa 10-18, sonst bis 16/17 Uhr

Rügener Superfood: Sanddornprodukte

Rügener Spezialitätenmanufaktur
Seit 1985 stellt Familie Sorge auf dem eigenen Hof gesunde, unbelastete Lebensmittel her. Sie backt Brote, Kuchen und Kleingebäck und stellt neben gängigen Nudelsorten auch Exoten wie Lavendel- oder Thymiannudeln her. Für die Fruchtaufstriche werden eigenhändig gesammelte Wildfrüchte (Sanddorn, Holunder, Löwenzahn) verarbeitet. Zum Angebot gehören auch handgefertigte Pralinen und Konfekt. Backwaren sollten ggf. vorbestellt werden.
✝ 208 B3 ✉ Baldereck 9, 18551 Glowe ☎ 038302 534 48
⊕ www.hof-baldereck.de ❶ Sommer Di-Sa 10-18, sonst Fr-Sa 10-18 Uhr

KUNSTHANDWERK UND SOUVENIRS

Die Wunderkammer
Versteckt zwischen Läden mit Billig-Souvenirs, wird der Laden seinem Namen gerecht: maritimes Kunsthandwerk und Werke von überwiegend auf Rügen arbeitenden Künstlern, etwa skurrile Meereswesen aus Pappmaché, Muscheln und Treibholz, außerdem Grafiken und Aquarelle, Schmuckstücke und Armbänder aus Natursteinperlen oder Bernstein, Papeterie und Glaskunst.
✝ 209 D2 ✉ Hafenstr. 12 B, 18546 Sassnitz ☎ 038391 63 42 31
⊕ www.diewunderkammer-ruegen.de
❶ Mai–Okt. Mo-Sa 11-17, So 12-17 Uhr

Kunstraum Wasserwerk
Die Galeristen Ina Henadelmann und Günter Christiansen stellen im Glower Wasserwerk ihre Arbeiten und die anderer Künstler aus: Malerei, Grafik, Skulpturen ...
✝ 208 B3 ✉ Hauptstr. 1, 18551 Glowe ☎ 038302 71 98 44 ⊕ www.kunstraum-wasserwerk.de ❶ tägl. 11-17 Uhr

Marineshop Breege
Alles, was die Lieben daheim erfreut, wird auch hier verkauft. Souvenirs in Form von Muscheln, Fischerhomden und Schiffsmodellen, Bernstein und Heilkreide, aber auch Waren des täglichen Bedarfs sind erhältlich.
✝ 207 E4 ✉ Hochzeitsweg 16, 18556 Breege ☎ 038391 43 99 88
⊕ www.marineshop-breege.de
❶ tägl. ab 8 Uhr

Rügenhof
In dem alten restaurierten Gutshof in Putgarten findet man eine breite Palette an Kunst und traditionellem Handwerk. In den Werkstätten kann man den Herstellern über die Schulter sehen oder teilweise selbst Hand anlegen. So gibt es eine Kerzenwerkstatt, ein Mode-Atelier, eine Korbflechterei und einen Bernsteinladen. Im angeschlossenen Café gibt's hausgemachte Suppen.
✝ 207 F5 ✉ Dorfstr. 22, 18556 Putgarten ☎ 038391 40 00 ⊕ www.kap-arkona.de/ruegenhof.html ❶ tägl. geöffn. Jan.–März 12-15, April 10-16, Mai–Sept. 10-18, Okt.10-17, Nov. 11-16, Dez. 12-15 Uhr

Töpferei Thomas Thunig
Am Hafen von Sassnitz können Sie Gebrauchskeramik und Kleinplastiken mit maritimen Motiven kaufen: ein Frühstücksgeschirr mit Dreimastern etwa oder eine Tasse mit Fischkuttern.
✝ 209 E2 ✉ Hafenstraße 12 i, 18546 Sassnitz ☎ 038392 503 09 ⊕ www.toepferei-thunig.de ❶ Di–Sa 11–18 Uhr

werk:laden
Im Oktober 2021 eröffneten sieben Produzenten in der historischen Altstadt von Sassnitz eine neue Produzentengalerie, den werk: laden. Dort kann man sich nun auf zwei Etagen inspirieren lassen – auch von den Exponaten weiterer Gastaussteller.
✝ 209 D2 ✉ Bachpromenade 1, 18546 Sassnitz ☎ 038392 37 95 20 ⊕ https://werkladen-sassnitz.de ❶ Di–Sa 11–16 Uhr

Wohin zum ... Ausgehen?

BADEN UND WASSERSPORT

Erlebniswelt Splash
Die 3500 m² große Badelandschaft auf dem Gelände des Precise Resort Rügen in Neddesitz umfasst Innen- und Außenpools, Whirlpool, eine Saunalandschaft, Spa mit Beauty- und Wellnessanwendungen sowie Fitnessraum und Bistro.
✝ 208 C2 ✉ Am Taubenberg 1, 18551 Sagard ☎ 038302 97 77 00 ⊕ www.precisehotelruegen.de ❶ tägl. 8–22 Uhr ✦ ab 13 €

Rügen Piraten
Wer seine Wassersportfähigkeiten ausbauen oder gar erst einmal wecken will, ist in dieser Sportschule in Dranske richtig. Das Angebot reicht von Surfen über Kiten und Segeln zum Stehpaddeln und Kayaking.
✝ 207 D4
✉ Am Ufer 14, 18556 Dranske
☎ 038391 898 98
⊕ www.ruegen-piraten.de
❶ Okt.–Feb. Saisonpause

SCHIFFSAUSFLÜGE

Von Sassnitz aus starten mehrmals täglich Ausflugsschiffe zu den Kreidefelsen. Zum Beispiel mit der »MS Alexander« (Tel. 038392 352 25, www.ms-alexander.de, tägl. 10, 12, 13.30, 15 Uhr).
Angeltörns können Sie bei der Angel- und Ausflugsschifffahrt Rügen (Tel. 038392 67 46 30, www.hochseeangeln-ruegen.de) buchen, entweder zum Schnupperangeln für Einsteiger (nur Juli/Aug.) oder als 9-stündige Angelfahrt inkl. Frühstück und Mittagessen (ab 70 €).
Ein All-Inclusive-Paket zum Angeln bietet auch die Kutter- und Küstenfisch Rügen GmbH (Tel. 038392 513 0), z. B. Angeln auf Lachs, Hecht und Barsch oder Dorsch.
Regelmäßig fährt die Reederei Lojewski mit zwei Schiffen, der MS »Nordwind« und der MS »Insel Rügen« die Kreideküste ab. Abfahrt tägl. zwischen 10 und 16.30 Uhr (Tel. 038392 35 136, www.reederei-lojewski.de, 18 €).
Nach Hiddensee fährt die Reederei Kipp (Tel. 038391 123 06, www.reederei-kipp.de) ab Breege; auch Boddenfahrten und Abendfahrten können Sie buchen. Im Sommer startet ein Schiff um 18.30 Uhr nach Ralswiek zu den Störtebeker-Festspielen. Fahrkarten werden am Hafen verkauft.
Ebenfalls nach Hiddensee geht es u. a. von Wiek aus mit der Reederei Hiddensee (Tel. 03831 268 10, www.reederei-hiddensee.de). Tagesausflüge mit Landgang können von Mai bis Mitte Oktober gebucht werden.
Nach Schweden oder Russland legen täglich Fähren vom Fährhafen Mukran südlich von Sassnitz ab (www.mukran-port.de).

NACHTLEBEN

Viel ist nachts nicht los auf Jasmund und Wittow. Die gemütliche Altstadt-Brasserie in Sassnitz (Marktstr. 4, Tel. 038392 234 53, www.altstadt-brasserie.de) bietet neben warmen Speisen Biere vom Fass sowie Cocktails.
Sehr gemütlich für einen Absacker ist Dahlmanns Bazar – er schließt jedoch um 22 Uhr (vgl. S. 48).

Schönstes Binzpanorama: der Blick von der Seebrücke auf den wuseligen Strand und das elegante Kurhaus

Mönchgut und Granitz

Ursprüngliche Natur und reetgedeckte Fischerhäuser treffen auf mondäne Bäderarchitektur und kilometerlange feinsandige Strände.

Seiten 62–101

Erste Orientierung

Wälder, Steilufer, feiner Sandstrand und karge Hügel bestimmen die Landschaft im Osten von Rügen. Hier gibt es die schönsten Seebäder mit mondäner Bäderarchitektur. Doch auch Naturliebhaber schätzen die Region wegen ihrer Vielseitigkeit.

Die Granitz ist vor allem wegen des mondänen Badeorts Binz bekannt und natürlich wegen des herrschaftlichen Jagdschlosses Granitz, das weit über die Buchenwälder des gleichnamigen Naturschutzgebiets ragt. Hier können Sie wunderschöne Wandertouren unternehmen.

Zu den schönsten und abwechslungsreichsten Landstrichen Rügens gehört das Mönchgut. Hübsche Dörfer und Badeorte, die einst Fischern gehörten und nun vor allem Urlauber beherbergen, dominieren die Halbinsel. Gäste kommen nicht nur am weitläufigen Ostseestrand auf ihre Kosten. Auch die Boddenküste hat Charme und erschließt sich am besten bei Radtouren und Wanderungen – etwa durch die Zickerschen Alpen. Surfer lieben das südliche Ende des Mönchguts, den Thiessower Haken. Dass die Rüganer sehr geschichtsbewusst sind, zeigen die vielen Heimatmuseen und historischen Anlagen.

TOP 10
- ❷ ★★ Binz
- ❹ ★★ Naturerbe-Zentrum Rügen
- ❼ ★★ Sellin
- ❿ ★★ Jagdschloss Granitz

Nicht verpassen!
- ㉓ Prora
- ㉔ Göhren

Nach Lust und Laune!
- ㉕ Baabe
- ㉖ Thiessower Haken & Groß Zicker
- ㉗ Gager
- ㉘ Middelhagen
- ㉙ Moritzdorf
- ㉚ Seedorf
- ㉛ Lancken-Granitz

Mein Tag umgeben von Bäderarchitektur

Weiße Balkone, verschnörkelte Schnitzkunst, filigrane Türmchen: Rügens Badeorte wetteifern mit ihrer historischen Architektur um die Besuchergunst. Eine Entdeckungstour mit dem E-Bike führt von Binz nach Baabe. Vergessen Sie Ihr Smartphone nicht: In Binz geben QR-Codes Informationen zu den schönsten Villen preis.

10 Uhr: Architekturführung mit QR-Code

Sie tragen wohlklingende Namen wie Sturmvogel, Haiderose oder Meeresgruß und strahlen in hellstem Weiß: Mehr als 30 historische Villen in ❷ ★★ Binz (S. 70) gehören einem Netzwerk der Bäderarchitektur an, das Sie auf eigene Faust erforschen können. Die QR-Codes der Villen führen Sie zu einer Website mit historischen Fotos und der Geschichte der Häuser. Am besten starten Sie am Haus des Gastes.

12 Uhr: Shopping in der Künstlermeile

In den Rundgang sollten Sie die »Künstlermeile« in der Margaretenstraße einbauen (S. 100). Die Künstler haben sogar die Bänke in dem Sträßchen originell gestaltet.

12.30 Uhr: Kleine Stärkung gefällig?

Die Nachbar-Badeorte Baabe und Sellin lassen sich stressfrei mit dem E-Bike entdecken. Wer vor der Fahrt noch eine Stärkung möchte: Die

- 19.30 Uhr: Captains Dinner vom »Sternekoch«
- 10 Uhr: Architekturführung mit QR-Code
- 12.30 Uhr: Kleine Stärkung gefällig?
- 13 Uhr: Mit E-Power durch die Granitz
- Uhr: Shopping in Künstlermeile
- 18 Uhr: Rückfahrt mit dem Rasenden Roland
- 15 Uhr: Durch die Prachtstraße zur Seebrücke
- 16 Uhr: Bäderbauten der Moderne

MEIN TAG

Wer die filigran wirkende Schinkeltreppe des Jagdschlosses Granitz bezwungen hat, wird an schönen Tagen mit einem fantastisch weiten Blick über die Insel belohnt.

Die weißen Villen mit Stilelementen der Bäderarchitektur verleihen der Selliner Flaniermeile Wilhelmstraße ein ganz besonderes Flair.

Brasserie Loev gleich gegenüber vom Verleiher an Hauptstraße hat zwar seit Januar 2022 geschl., will sich aber bis zum Frühsommer kulinarisch neu erfinden. Eine gut-bürgerlich Alternative wäre das Fischrestaurant „plattdüütsch", ebenfalls in der Hauptstraße (Nr. 13).

13 Uhr: Mit E-Power durch die Granitz

Die Radtour beginnen Sie am Schmachter See, der von dichtem Schilf gesäumt wird. Dann geht es hinauf zum ❿ ★★ Jagdschloss Granitz (S. 80). Genießen Sie die fantastische Aussicht vom Turm des Schlosses! Dann geht es durch den Buchenwald weiter nach Sellin.

15 Uhr: Durch die Prachtstraße zur Seebrücke

❼ ★★ Sellins Seebrücke (S. 76), die schönste auf Rügen, kündigt sich nicht aus der Ferne an: Erst wenn Sie an der Kante des Steilufers stehen, liegt sie vor Ihnen. Am besten, Sie stellen Ihr Rad schon am Anfang der Wilhelmstraße ab – so können Sie die eklektizistischen Villen dieser Prachtstraße entspannt betrachten.

16 Uhr: Bäderbauten der Moderne

Ein komfortabler Radweg führt an der Ostsee entlang weiter in Richtung 25 Baabe (S. 92). Architekt Ulrich Müther, ein Meister der modernen Bäderarchitektur, der für den

MÖNCHGUT UND GRANITZ

Dampfend und pfeifend fährt die Schmalspurbahn »Rasender Roland« über die Insel.

Binzer Rettungsturm bekannt ist, schuf auch das gläserne Inselparadies in Baabe, das im Obergeschoss ein Restaurant beherbergt.

18 Uhr: Rückfahrt mit dem Rasenden Roland

Sind Ihre Akkus leer? Dann bietet der Rasende Roland (S. 112) die bequemste Rückfahrtsoption. Fahrräder sind an Bord willkommen.

19.30 Uhr: Captains Dinner vom »Sternekoch«

»Kein Brimborium … einfach nur Spaß« – sp wirbt Ralf Haug, Rügens hochgelobter Koch, für die Canteen. Hier trifft man sich gern zum überraschenden Captains Dinner (3 Gänge) an langen Tischen.

QR-Code-Spaziergang in Binz
Die Villen, die mit QR-Code ausgestattet sind, findet man unter https://villen.binz.de.

Paulis Radshop, Fahrradverleih
✢ 213 D4 ✉ Hauptstr. 9 A, 18609 Binz
☎ 038393 669 24 ⊕ www.ruegen-bike.de
🕐 März–Okt. tägl. 9–18 Uhr

Brasserie Loev
✢ 213 D4 ✉ Hauptstr. 20–22, 18609 Binz
☎ 038393 390 ⊕ www.loev.de

Fischrestaurant „plattdüütsch"
✢ 213 D4 ✉ Hauptstr. 13, 18609 Binz
☎ 038393 34 60 ⊕ https://centralhotel-binz.de

Inselparadies Baabe
✢ 213 E3 ✉ Am Inselparadies 1, 18586 Baabe
☎ 038303 49 31 44 ⊕ www.inselparadies-baabe.de 🕐 tägl. 10–22 Uhr

Canteen
✢ 213 D4 ✉ Zeppelinstr. 8, 18609 Binz
☎ 038393 504 44 ⊕ www.freustil.de
🕐 Mi–So 12–15 und 18–21 Uhr

MEIN TAG

❷ ★★ Binz

Was?	Prachtvolle Architektur aus der Frühzeit des Badetourismus und breite Sandstrände
Warum?	Die erste Adresse für schicken Urlaub an der See
Wann?	Besonders im Frühjahr und Herbst – ohne Gedränge
Wie lange?	Einen Tag
Was noch?	Einer der schönsten Wanderwege verbindet die Seebrücken von Binz und Sellin an der Steilküste entlang
Resümee	Binz ist wieder das, was es einst war: ein mondänes Seebad mit einem ausgezeichneten Strand

Prachtvolle Bäderarchitektur an der Promenade, eine Seebrücke und mondäne Hotels machen Binz zum angesagten Ort für Prominente und Betuchte. Doch auch Urlauber mit schmalerem Geldbeutel werden in den vielen Hotels und Pensionen noch fündig.

Blick von einer der beiden Wandelhallen des Kurplatzes auf die Seebrücke von Binz.

Leise plätschern die Wellen an den feinen Sandstrand, der Mond hängt schwer über den Hügeln der Granitz und aus dem Kurhaus (Abb. S. 62/63) dringt leise Musik. So beginnt ein Abend an der 370 m langen Binzer Seebrücke, die hell erleuchtet auf die See weist. Das war nicht immer so, doch seit der Wende ist genug Zeit vergangen, um aus Binz wieder das zu machen, was es einmal war, nämlich ein schicker Badeort mit eleganten Hotels und eben auch einer Seebrücke. Die ursprüngliche Brücke maß sogar 560 m und wurde nur zwei Jahre nach ihrer Einweihung 1902 durch eine Sturmflut zerstört. 1905 wurde sie wieder aufgebaut. Die Pechsträhne riss jedoch nicht ab und nur sieben Jahre später stürzte ein Teil der Brücke

Extravagante Außenstelle des Standesamtes am Strandzugang 6 in Binz

ein; dabei kamen 17 Menschen ums Leben. Das war übrigens der Grund, weshalb 1913 die Gesellschaft zur Rettung Schiffbrüchiger in Leipzig gegründet wurde. Im Krieg ging die Brücke dann nochmals zu Bruch und wurde erst 1994 wieder aufgebaut.

Im Stilmix der Bäderarchitektur

Wichtigster Treffpunkt zum Bummeln und Spazieren ist, neben der Hauptstraße, die 4 km lange Strandpromenade, die sich bis nach Prora erstreckt. Auf der einen Seite rauschen die Wellen an den breiten Sandstrand, auf der anderen wetteifern die historischen Villen im Stilmix der Bäderarchitektur um Aufmerksamkeit: Häuser wie die Villa Undine, ein sogenanntes Wolgasthaus, die Villa Ruscha im Schweizer Stil mit aufwendigem Holzschmuck, die Villa Elfeld mit Jugendstil-Elementen, die Villa Salve im Neorenaissance-Stil oder das Dünenhaus mit griechischen Götterfiguren.

Bis zur Wiedervereinigung waren die meisten Bauten Volkseigentum. Die DDR hatte viele 1953 im Rahmen der »Aktion Rose« enteignet, sie dienten danach als Mietshäuser und staatliche Ferienheime. Heute funkeln wieder fast alle im charakteristischen Weiß. Besonders markant ist der Kurplatz vor dem luxuriösen Hotel im Kurhaus. Im Konzertpavillon finden im Sommer regelmäßig Veranstaltungen statt.

Das ungewöhnlichste Bauwerk an der Promenade wirkt, als sei gerade ein UFO gelandet: Der denkmalgeschützte

Die Hauptstraße in Binz lässt das Urlauberherz höher schlagen.

Rettungsturm, eine Betonschalenkonstruktion mit großen runden Glaswänden, stammt aus dem Ideenschatz des Binzer Architekten Ulrich Müther (1934–2007). Ein Meisterwerk der DDR-Moderne, in dem man heute heiraten kann.

Binz ist zweifelsfrei das bekannteste und beliebteste Seebad der Insel, für manche gar die heimliche Hauptstadt. Promenade, Kurplatz, Seebrücke und Strand sind beste Voraussetzungen für einen perfekten Badeurlaub.

Park der Sinne

Gut 500 m von der Ostsee entfernt verläuft eine weitere Promenade am idyllischen Schmachter See. Hier können Sie den Sonnenuntergang hinter den schilfbestandenen Ufern beobachten, den See auf einem Wanderweg umrunden oder in den Park der Sinne eintauchen, einen Außenstandort der Internationalen Gartenausstellung (2003) mit Pavillon, Irrgarten, Aussichtsturm und einem 27 m langen Steg in den See.

Nachhaltig unterwegs

Ihr Auto lassen Sie in Binz am besten stehen, denn zu Fuß oder mit dem Fahrrad lässt sich in Binz und Umgebung wirklich viel erreichen. Wer es gemütlicher mag, nutzt für Ziele innerhalb des Orts die Binzer Bäderbahn, die je nach Tageszeit halbstündlich oder stündlich verkehrt. Das Jagdschloss Granitz (S. 80) ist mit dem Jagdschloss-Express erreichbar, die Museen in Prora sowie das Naturerbe-Zentrum ganz bequem mit dem Naturerbe-Prora-Express (https://ruegenbahnen.de/prora-express). Auch der Rasende Roland, die behäbige historische Dampfbahn, pfeift am Kleinbahnhof Binz munter ihr Lied, bevor sie Richtung Göhren (S. 88) oder Putbus (S. 110) weiterschnauft.

Der Bahnhof ist Sitz des Binzer Heimatmuseums mit vielen Exponaten zur Ortsgeschichte. Hier kann man sich auf eine Zeitreise durch verschiedene Wohnräume begeben, angefangen bei einer Fischerstube um 1870 bis zu einem Salon und einem einfachen Fremdenzimmer aus der Gründerzeit, als der Badetourismus boomte. Zu sehen sind auch viele historische Fotos, Briefe und Postkarten – und Bademoden.

KLEINE PAUSE
Geburtstagskinder dürfen in der **Konditorei Peters** (Heinrich-Heine-Str. 2, tägl. 6–18 Uhr, www.baeckerei-peters.de) und in ihren Filialen in Sassnitz, Mukran, Sellin und Bergen) kostenlos frühstücken. Den ganzen Tag über locken leckere Torten und Kuchen.

Der Strand von Binz zählt zu Recht zu den beliebtesten der Insel.

✢ 213 D4

Ostseebad Binz – Haus des Gastes
✉ Heinrich-Heine-Str. 7, 18609 Binz
☎ 038393 14 81 48
⊕ www.ostseebad-binz.de
🕐 Mo–Fr 9.30–17, Sa 9.30–16 Uhr

Museum Binz
✉ Bahnhofstr. 54, 18609 Binz
☎ 0178 440 88 11
⊕ www.museum-binz.de
🕐 Mo–Fr 10.30–12.45, 13.15–17 Uhr
🎫 frei

❹ ★★ Naturerbe-Zentrum Rügen

Was?	Baumwipfelpfad mit Adlerhorst
Warum?	Wälder und Meer aus der Vogelperspektive
Wann?	Vom hellgrünen Laub des Frühlings bis zum Indian Summer
Wie lange?	Mindestens zwei Stunden
Was noch?	Wasserbüffel halten Teile der Naturerbefläche offen
Resümee	Knorrige Buchen, seltene Tiere und ein einzigartiger Ausblick

Eine einzigartige Artenvielfalt umfasst das knapp 2000 ha große Naturerbe-Zentrum am Rande der Schmalen Heide. Inmitten uralter Buchen führt ein Pfad in den »Adlerhorst« – Europas einzigen Baumwipfelpfad mit Meerblick.

In der Naturerbefläche gehen drei Ökosysteme ineinander über: Wald, Offenland und Feuchtgebiete. Zu DDR-Zeiten wurde das Gelände zwischen dem Kleinen Jasmunder Bodden und der Ostsee militärisch genutzt, heute steht es unter Verwaltung der DBU Naturerbe GmbH, einer Tochter der Deutschen Bundesstiftung Umwelt.

Seitdem können sich die hier lebenden geschützten Pflanzen- und Tierarten wieder ungestört entwickeln – darunter über hundert Arten, die auf der Roten Liste stehen. Vielleicht haben Sie Glück und sehen die seltene Rohrdommel oder den Knöllchen-Steinbrech. Mehr als 40 Baumarten wachsen hier, darunter riesige Buchen, die weit über 100 Jahre alt sind. Auch mehrere Seeadlerpaare sind hier heimisch – man erkennt sie am hellgelbem Schnabel und weißen Schwanzfedern.

Der Baumwipfelpfad windet sich zum Aussichtsturm »Adlerhorst« 40 m in die Höhe.

Über allen Wipfeln

2013 wurde das Naturerbe-Zentrum Rügen fertiggestellt, ein modernes Umweltinformationszentrum am Forsthaus Prora mit der Dauerausstellung »Natur erleben und verstehen«. Krönender Höhepunkt eines Besuchs ist der Baumwipfelpfad, der in 4–17 m Höhe über 1250 m durch die Wipfel führt. Unterwegs kann man in Spechthöhlen und Vogelnester schauen. An seinem Ende gibt die Aussichtsplattform »Adlerhorst« den Blick auf Bodden, Meer und Küste frei – ein atemberaubendes Erlebnis.

Das Konzept des Zentrums wurde mehrfach ausgezeichnet, unter anderem als Projekt der UN-Dekade »Biologische Vielfalt«. Gelobt wird vor allem das NaturLabor mit Wanderungen und Mitmachangeboten von Umweltpädagogen – interessant auch für Erwachsene.

Steinernes Meer

Die Naturerbefläche umschließt auch die Feuersteinfelder. Aufgrund ihrer Ausdehnung werden sie auch »Steinernes Meer« genannt. Wahrscheinlich waren Sturmfluten vor rund 4000 Jahren dafür verantwortlich, dass sich diese Steinwellen auf einer Länge von 2 km in der Landschaft verewigt haben. Damit das einzigartige Naturschutzgebiet nicht zuwuchert, wurden in den 1970er-Jahren Mufflons ausgesetzt. Der Parkplatz befindet sich kurz vor Neu-Mukran.

Vom Parkplatz führt ein ca. 2,5 km langer Wanderweg zu den Feuersteinfeldern.

KLEINE PAUSE

Nur frische Zutaten aus regionaler Herstellung finden in der Küche des Selbstbedienungslokals **Boomhus** im Naturerbe-Zentrum Verwendung. Wenn das Wetter mitspielt, kann man im Biergarten und auf der Terrasse Platz nehmen.

☩ 212 C5

✉ Forsthaus Prora 1 (an der L 293), 18609 Ostseebad Binz, OT Prora

☎ 038393 66 22 00   ⊕ www.nezr.de
🕘 tägl. Nov.–März 9.30–16, April u. Okt. bis 18, Mai–Dez. bis 19 Uhr
💶 12,50 €

❼ ★★ Sellin

Was?	Bummel auf der Prachtstraße zur Brücke an der Steilküste
Warum?	Prächtige Bäderarchitektur
Wie lange?	Zwei bis drei Stunden – plus Badepause
Was noch?	Das Bernsteinmuseum zeigt die Entstehung des Ostseegoldes – und den schwersten Bernstein Rügens
Was nehme ich mit?	Eines der beliebtesten Postkartenmotive Rügens ist zweifelsfrei die schönste Seebrücke der Insel

Das Ostseebad liegt etwas versteckt hinter den Hügeln der Granitz und bezaubert durch seinen dörflichen Charakter, den sich der Ort trotz Tourismus und stolzer Bäderarchitektur bewahrt hat. Am Steilufer bietet sich ein herrlicher Ausblick auf den Strand und die Seebrücke.

Sonne tanken am »Traumschloss am Meer«, auf der Terrasse der Selliner Seebrücke

Sellin ist ein Dorf am Rand des Hochufers. 89 Stufen (oder alternativ ein Fahrstuhl) führen rund 25 m hinab zum Strand und der Seebrücke, die 1998 feierlich eingeweiht wurde. Fast 20 Jahre hatten die Selliner ohne ihre Brücke auskommen müssen – die Reste der alten aus dem Jahr 1906 waren gegen den Willen der Bevölkerung 1978 abgerissen worden. Es war schlicht kein Geld vorhanden, um die von Stürmen und Eis gebeutelte Seebrücke instand zu halten, von der Investition in einen Neubau ganz zu schweigen. Die längste Seebrücke Rügens ist wieder der ganze Stolz der Selliner, und schon mancher ist hier in den Ehehafen eingelaufen – auf der Brücke gibt es auch ein Standesamt.

Schlemmen und tauchen bei leichter Brise

Vom Ende der Wilhelmstraße am Hochufer sehen Sie die nach alten Vorlagen gebaute Konstruktion in ihrer ganzen Pracht. Sie ist 394 m lang und hat einen Schiffsanleger und

einen zierlichen Pavillon, in dem das Restaurant Seebrücke beheimatet ist. Im mediterran eingerichteten Palmengarten sorgt ein Meerwasseraquarium u. a. mit Korallen aus dem Indischen Ozean für Kurzweil, im Balticsaal nebenan geht es traditioneller zu, hier finden auch Veranstaltungen statt. Landestypische Küche wie Selliner Fischtopf oder Rügener Angeldorsch bekommt man in beiden Räumen.

Am Ende der Brücke kann man mit der futuristisch wirkenden Tauchgondel (www.tauchgondel.de) unter Wasser gehen, wo ein 3D-Film über die Ostsee gezeigt wird. Vielleicht bekommen Sie ja Lust auf einen Schiffsausflug nach Binz oder zur Kreideküste.

Die Tauchgondel an der Seebrücke bietet Sightseeing mit Tiefgang.

Seebad mit Prachtstraße

Bevor in anderen Küstenorten Rügens der Badetourismus begann, hatte Sellin schon seine ersten Sommerfrischler, vornehmlich aus Berlin, die hier zur Empörung der Einheimischen nackte Knie zeigten und im kalten Ostseewasser planschten. Die Verrückten, wie die Selliner 1880 die Fremden zunächst titulierten, wurden aber schon bald gern gesehene Gäste, denn der Tourismus bescherte den Dorfbewohnern unverhoffte Einnahmen.

Um die Jahrhundertwende entstanden die ersten prachtvollen Hotel- und Kuranlagen, 1896 etwa das Hotel Fürst Wilhelm, an dessen Stelle nun das Kurhaus Sellin steht, oder die 1898 erbaute Villa Rugia, auf dem Terrain von Roewers Privathotel (S. 96). Ein Spaziergang durch die Wilhelmstraße ist besonders an sonnigen Tagen ein fast blendendes Ereignis. Strahlend weiß leuchten die vielen Strandhotels an beiden Straßenseiten. Sellin führt hier die Pracht seiner Bäderarchitektur vor.

Badewanne Südstrand

Sellin zu Fuß zu entdecken ist gar nicht so einfach. Wer etwa zum Südstrand marschieren möchte, kommt schnell aus der Puste, denn vor dem Relaxen am Wasser steht ein beachtli-

cher Auf- und Abstieg über die Hügel des Selliner Forsts. Wie gut, dass es die Bäderbahn gibt, die sich tuckernd den Berg hinaufquält, um dann bei 10 % Gefälle Richtung Strand zu zuckeln. Während der Strand an der Seebrücke manchmal sehr windig ist und ordentliche Brandung bereithält, geht es am Südstrand – oder Fischerstrand, wie die Einheimischen sagen – zu wie in einer Badewanne.

Auch an regnerischen Tagen muss man in Sellin aufs Baden nicht verzichten: Das Erlebnisbad AHOI! RÜGEN (S. 101) zieht Gäste aus allen Teilen Rügens an.

Sehen und gesehen werden an der Wilhelmstraße, der Promenade Sellins

KLEINE PAUSE
Nostalgische Eisenbahnatmosphäre herrscht im **Restaurant Kleinbahnhof** (An der B 196 No. 3, Tel. 038303 879 71, www.kleinbahnhof-sellin.de, Do–So ab 12 Uhr), wo man in einem historischen Reisesalonwagen oder einem gemütlichen Holzklassewagen speist.

✢ 213 E4

Kurverwaltung Sellin
✉ Warmbadstr. 4, 18586 Sellin
☎ 038303 160
⊕ www.ostseebad-sellin.de
🕐 Mai–Sept. Mo–Fr 8.30–18, Sa/So 10–14, sonst Mo–Fr 8.30–16.30 Uhr

Bernsteinmuseum
✉ Granitzer Str. 43, 18586 Sellin
☎ 038303 872 79
⊕ www.bernsteinmuseum-sellin.de
🕐 Mo–Fr 10–12 u. 14–17, Sa 10–12 Uhr

❿ ★★ Jagdschloss Granitz

Was?	Schönstes Schloss der Insel
Warum?	Wer die Wendeltreppe bezwingt, wird mit einem Blick über Südost-Rügen belohnt
Wie lange?	Ein bis zwei Stunden
Was noch?	Im einstigen Gasthof informiert das Biosphärenreservat Südost-Rügen über Schutzgebiete
Resümee	Fürstliche Jagdkultur par excellence

Das Jagdschloss aus dem 19. Jh. könnte nicht schöner liegen. Inmitten des Naturschutzgebiets Granitz ragt es stolz in den Himmel. Wer den 106 m hohen Tempelberg hinaufsteigt oder mit der Bahn vorfährt, sieht eine Anlage mit prächtigem Mittelturm. Die Bezwinger der 154 Stufen, die zur Aussichtsplattform führen, erwartet ein atemberaubender Blick über ganz Rügen. Im Schloss gibt es eine Ausstellung zur Romantik und eine Sammlung von Geweihen.

Das Jagdschloss auf dem Tempelberg ist eines der meistbesuchten Schlösser Mecklenburg-Vorpommerns.

Moritz Ulrich I. von Putbus war es, der an diesem Ort inmitten der wildreichen Granitz 1726 ein Jagdhaus bauen ließ. Alljährlich während der Jagdsaison quartierte er sich hier mit seinen Gefolgsleuten ein. Dort, wo heute das Schloss

MÖNCHGUT UND GRANITZ

steht, ließ er einen achteckigen Aussichtsturm im Fachwerkstil bauen. Dieses Belvedere mit seiner zierlichen Figur auf dem Dach wurde auch als Tempel bezeichnet, weshalb der einstige Fürstenberg wohl heute Tempelberg heißt. Da sich die Nachkommen von Moritz Ulrich I. überhaupt nicht für die Jagd interessierten, verkam das Anwesen – 1810 musste der Turm wegen Baufälligkeit abgerissen werden.

Mutprobe Wendeltreppe

1815 jedoch verwandelte der neue Herrscher Fürst Wilhelm Malte I. zu Putbus das Jagdhaus wieder in einen prachtvollen Ort mit Malereien und Verzierungen im neugotischen Stil. Anstelle des alten Tempels ließ Fürst Malte 1836–46 das heutige Jagdschloss bauen. Karl Friedrich Schinkel, einer der zwei Baumeister, entwarf auch den Aussichtsturm. Prunkstück im Turminnern ist die gusseiserne Treppe, die sich spiralförmig bis zur Aussichtsplattform in die Höhe windet. Nicht jeder traut sich, die selbsttragende Wendeltreppe hinaufzusteigen. Wer sie jedoch bezwingt, wird mit einer wunderbaren Aussicht belohnt.

154 Stufen auf der freitragenden Treppe müssen überwunden werden, um auf die Aussichtsplattform zu gelangen.

Die Inneneinrichtung des Schlosses war nach dem Zweiten Weltkrieg größtenteils zerstört oder verschwunden. Einblicke in das einstige Leben im Jagdschloss gewährt eine sehenswerte Dauerausstellung mit multimedialen Elementen. Eine weitere Ausstellung über die Großschutzgebiete Mecklenburg-Vorpommerns ist im Gebäude nebenan in der Infostelle für das Biosphärenreservat Südost-Rügen zu sehen.

KLEINE PAUSE
Im Keller des Schlosses verbirgt sich das urige Wirtshaus **Alte Brennerei** (Tel. 038393 328 72, https://wirtshaus-jagdschloss.de, tägl. 11–19 Uhr).

✢ 213 D4 🚌 Jagdschloss-Express ab Binzer Seebrücke Mai–Sept. tägl. 9.30–16.15 Uhr; Rasender Roland bis Haltestelle Jagdschloss; Pkw-Parkplatz Süllitz an der L29, dann 1,5 km zu Fuß ☎ 038 393 667 18 76 44 ⊕ www.mv-schloesser.de/de/location/schloss-granitz/ ❷ April-Okt. tägl. 10–17, Jan–März u. Nov./Dez. Di–So 10–16 Uhr 10–16 Uhr ✦ 6 €

㉓ Prora

Was?	Luxuswohnungen im einstigen Nazi-Bau
Warum?	Gigantomanische Architektur und toller Strand
Wann?	Jederzeit
Wie lange?	Zwei bis drei Stunden
Was noch?	Strandspaziergang oder Badepause nach Museumsbesuch oder Kletterpartie
Resümee	Düstere Seite der Inselgeschichte erwacht zu neuem Leben

20 000 Urlauber wollten die Nationalsozialisten in einer gigantischen Ferienanlage im Seebad Prora unterbringen, später trainierte hier die NVA. Nach der Wende zogen zunächst Künstler und Museen in die leerstehenden Gebäude – nun weichen sie nach und nach Hotels und Ferienwohnungen.

Ein breiter, feiner Sandstrand macht die 10 km lange Nehrung Schmale Heide, die Binz und Mukran miteinander verbindet, zu einem Badeparadies. Im Schutz der kiefernbewachsenen Dünen tummeln sich an hochsommerlichen Tagen Sonnenbadende: Doch hinter den Dünen erstreckt sich mit dem »Koloss von Prora« ein umstrittenes Erbe.

Koloss von Rügen

Mitte der 1930er-Jahre sollte hier ein Seebad für 20 000 Gäste entstehen, umgesetzt durch die nationalsozialistische Ferienorganisation »Kraft durch Freude«. Die monumentale Anlage und die hier versammelten Menschenmassen sollten eine Demonstration der Macht und ein Ausdruck des Willens zur Uniformität sein.

Für jeweils zwei Personen sollte es ein 12,5 m² großes Zimmer mit Meerblick geben. Der Entwurf des Kölner Architekten Clemens Klotz sah außerdem ein Wellenbad und einen 250 m hohen Turm mit Aussichtscafé vor. Auch eine Festhalle und ein 4 ha großer Festplatz waren geplant. Doch nach dem Ausbruch des Zweiten Weltkriegs wurden alle Arbeiten auf Eis gelegt. Große Teile waren da bereits im Rohbau fertig: acht Bettenhäuser von jeweils 500 m Länge, jedes unterbrochen durch quer stehende Gebäuderiegel.

1948 versuchte die Rote Armee vergeblich, den Bau zu sprengen, einige Teile wurden abmontiert. Die NVA nutze die Häuser dann zu militärischen Zwecken. Bis Anfang der 1990er-Jahre war fast das ganze Proraer Ortsgebiet militärisches Sperrgebiet.

Lange Zeit lag die KdF-Anlage im Dornröschenschlaf, die Museumsmeile (links) war einer der wenigen Mieter, inzwischen werden die Betonblöcke umgebaut und saniert.

Wohnraum für die »Oberen Zehntausend«?

Nach der Wende stellte man Prora unter Denkmalschutz. Eine bunte Museumsmeile entwickelte sich, Künstlergalerien zogen ein, eine Jugendherberge und ein Zeltplatz kamen hinzu. Der Strand wurde zu einem der beliebtesten Badespots der Insel, vor allem für FKK-Liebhaber. Gleichzeitig dominierte die Diskussion um den Umgang mit dem steinernen Mahnmal das Inselleben über Jahre. Die Veräußerung von vier Blöcken durch den Bund löste die Sorge aus, dass Teile des Geländes in die falschen Hände geraten könnten. Nach vielem Hin und Her setzten 2013 schließlich Umbauarbeiten im großen Stil ein: Investoren errichten Hunderte von Eigentums- und Ferienwohnungen. Nicht mit 12 m² Fläche wie einst vorgesehen, sondern auf Luxusniveau: mit privaten Dachterrassen, edlen Küchen, Fußbodenhei-

Der Koloss von Prora

Im Mai 1936 erfolgte der erste Spatenstich des von Clemens Klotz für die nationalsozialistische Ferienorganisation »Kraft durch Freude« (KdF) entworfenen Seebads an einem der schönsten Strände Rügens.

❶ Dokumentationszentrum Das Dokumentationszentrum informiert über die Entstehung und Nutzung des Monumentalbaus.

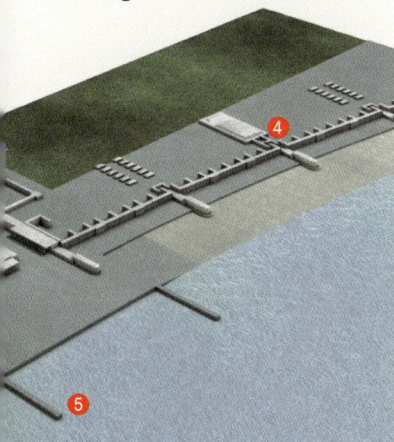

❷ Bettenhäuser Fünf der geplanten acht sogenannten Bettenhäuser sind noch erhalten.

❸ Gemeinschaftshäuser In den Gebäuden sollten u. a. Läden, Restaurants und Kegelbahnen untergebracht werden.

❹ Schwimmhalle Der nördliche und südliche Teil des durch die Festhalle und den Festplatz unterbrochenen Baus sollten jeweils eine Schwimmhalle erhalten.

❺ Seebrücken Die beiden Seebrücken sollten als Landungsstege für Kreuzfahrtschiffe dienen.

❻ Festhalle Hinter der Festhalle wurde ein Fest- und Aufmarschplatz angelegt.

❼ »Tonfilmhalle« Auch ein Kino durfte nicht fehlen.

❽ Block 5 Im nördlichen Block 5 hat eine Jugendherberge ihren Sitz. Im Mittelteil soll ein neues Bildungs- und Dokumentationszentrum entstehen, der Südteil wurde an eine Immobilienfirma verkauft.

zung und technischen Gimmicks, mit Concierge-Service und neuen Außenpools. Der Quadratmeter kostet mittlerweile zwischen 4000 und 6500 Euro.

Die Investoren werben für die Luxuswohnungen mit Sätzen, die in den Ohren von Historikern wie Hohn klingen: Da wird Prora als »versteckte Perle« gepriesen, als »Paradebeispiel für die Renaissance einer Urlaubsdestination« oder als »Immobilien-Schatz, der endlich geborgen wird«. Experten kritisieren die Aufweichung des Charakters der Nazi-Architektur durch moderne Balkone und bodentiefe Fenster.

Dokumentation der Historie

Zwei Museen engagieren sich seit Jahren für die Aufklärung: Das Dokumentationszentrum Prora informiert im Rahmen der Ausstellung »MACHTUrlaub« nicht nur über die Geschichte des KdF-Seebads, sondern auch über die dahinterstehende Doktrin, die vorsah, die Menschen während des kollektiven Urlaubs zu »erziehen«. Das Zentrum veranstaltet außerdem geführte Touren zu Fuß und mit dem Rad über das Gelände.

Auch das Prora-Zentrum bietet geführte Geländerundgänge im Bereich des Blocks 5. Diese Institution zeigt mehrere Dauerausstellungen, nicht nur über die NS-Zeit, sondern auch zur Geschichte der sogenannten Bausoldaten, der Waffendienstverweigerer der DDR, die in Prora stationiert waren. Beide Museen sollen in einigen Jahren in einer neuen Institution im nördlichen Block 5 verschmelzen.

Wachsender Urlaubsort

Doch Prora ist nicht nur auf die Geschichte ausgerichtet: Weitere Museen haben sich angesiedelt, darunter das Eisenbahn- und Technikmuseum mit einigen besonders ausgefallenen Exponaten wie einer Dampfschneeschleuder oder der wohl größten Dampflok Europas aus russischer Produktion. Wer sich aktiv austoben möchte, findet im Seilgarten Prora 13 Höhenparcours mit über 100 Klettervarianten in bis zu 10 m Höhe, außerdem mehrere Seilbahnen.

Die meisten Besucher versäumen auch nicht einen Badeabstecher oder Strandspaziergang. Obwohl der rund 5 km lange Strand nach wie vor frei von Kurabgaben ist, gibt es im

Badeparadies
Schmale Heide

Süden der alten Kaianlage schon eine passende Infrastruktur mit ausgewiesenem FKK-Abschnitt, Hundestrand und Toilettenanlagen. Parken kann man an mehreren Parkplätzen entlang der Gebäuderiegel (gebührenpflichtig).

KLEINE PAUSE
Frische Salate, Wraps und Burger werden im Lokal **Heimathafen** (Südstrand 203, Tel. 038393 58 96 18, www.heimat hafenprora.wordpress.com, Sommer tägl. 11.30–21, Winter 16–21 Uhr) serviert, das in einem der renovierten Blöcke eröffnet hat.

✣ 213 D5

Dokumentationszentrum Prora
✉ Objektstr. 1, Block 3/Querriegel
☎ 038393 139 91
⊕ www.proradok.de
🕐 März/April, Sept./Okt. tägl. 10–18, Mai–Aug. 9.30–19, Nov. und Jan. 10–16, Feb. 10–17 Uhr 🎫 6 €, Führung 3 €

Prora-Zentrum
✉ Fünfte Straße 6 bei der Jugendherberge Block 5 ☎ 038393 12 79 21
⊕ https://prora-zentrum.de
🕐 Mai–Okt. tägl. 10–18, Nov.–April Mo–Fr 10–16 Uhr, Führungen April bis Okt. Di, Do 10 und 14 Uhr
🎫 4 €, Führung 5 €

Eisenbahn- und Technikmuseum
✉ Proraer Allee 119
☎ 038393 23 66
⊕ http://etm-ruegen.de
🕐 tägl. 10–17 Uhr 🎫 10 €

Kletterwald
✉ Strandstr. 82, Block 3
☎ 01520 364 74 24
⊕ www.seilgarten-prora.de
🕐 Ostern–Okt. tägl. 10–18 Uhr, in Nebensaison kürzer, Winterpause
🎫 15 €

㉔ Göhren

Was?	Ferienjuwel auf der Halbinsel Mönchgut
Warum?	Nur eine Landzunge trennt zwei schier unendliche Strände
Wie lange?	Mindestens drei Stunden
Was nehme ich mit?	Selbst gesammelte und getrocknete Wildkräuter aus der Manufaktur der Villa mit Sonnenhof (S. 99)

Hoch über der Ostsee thront das von Bäderarchitektur geprägte Ferienjuwel auf einer weit ins Meer hinausragenden Landzunge. Unten am Strand tummeln sich die Urlauber auf der Promenade oder der Seebrücke. Bekannt ist Göhren auch für seine Museen zur Mönchgut-Geschichte.

Im Zentrum des Orts mit seinen hübschen Villen geht es im Sommer hoch her. Viele Tagesurlauber kommen mit dem Rasenden Roland (S. 199), der hier seine Endstation hat, um die Mönchguter Museen zu besuchen oder um den riesigen, aus dem Wasser ragenden Findling namens Buskam (S. 91) zu bestaunen. 24 Personen haben auf seiner Oberfläche Platz! Doch Göhren hat noch mehr zu bieten: etwa den Kurpark mit Kneippgarten, Labyrinth und einem denkmalgeschützten Kurpavillon. Und natürlich sollten Sie unbedingt einmal die 1993 wiedererbaute, 280 m lange Seebrücke mit Schiffsanleger begutachten. Ein Schrägaufzug verbindet den Nordstrand und das Ortszentrum. Er überwindet einen Höhenunterschied von rund 30 m.

Zwischen dem Nord- und dem Südstrand liegt das Nordperd, eine dicht bewachsene Landzunge. Rund eine Stunde brauchen Sie für den Rundweg, der Sie zu traumhaften Aussichtspunkten am Steilufer führt. Aber Vorsicht, nicht zu nahe an die Abbruchkante treten, denn immer wieder

Blick vom Göhrener Brückenhaus auf die Seebrücke

brechen Stücke der immerhin 50 m hohen Sandkliffe ab. Und dann der Südstrand: Geradezu endlos erstreckt sich der breite Sandgürtel bis zum Thiessower Haken (S. 92) im Süden. Hübsch gelegen ist die Kirche etwas außerhalb. Direkt hinter dem Gotteshaus befindet sich ein aus der Bronzezeit stammendes Hügelgrab namens Speckbusch. Von dort haben Sie einen schönen Blick über das Mönchgut.

Das Heimatmuseum gibt einen Überblick über die Geschichte des Orts und des Mönchguts.

Tradition und Geschichte im modernen Gewand
Unter dem Dach der neu gegründetenMuseumsgesellschaft Mönchgut-Granitz vereinen sich neben dem Seefahrerhaus Sellin und dem Schulmuseum Middelhagen auch das Heimatmuseum und das Dat Rookhus (das Rauchhaus) in Göhren. Das Heimatmuseum befindet sich in einem reetgedeckten, um 1850 erbauten Bauern-, Fischer- und Lotsenhaus in der Strandstraße. Dort sind u. a. Rügener Trachten zu sehen. Dat Rookhus, um 1720 erbaut, ist eines der ältesten Häuser auf Rügen. Der Rauch zog hier nur durch das »Eulenloch«, eine Öffnung am First, ab.

Noch nicht wieder zugänglich ist der Mönchguter Museumshof, ein bäuerliches Gehöft aus dem 18. Jh. mit Arbeitsgeräten, Kutschen und Schlitten. Auch die Zukunft des 100 Jahre alten Museumsschiffs »Luise« am südlichen Ortsausgang steht noch in den Sternen – Sie können es zumindest von außen betrachten.

Zum Naturschutzgebiet Mönchgut gehört auch die Halbinsel Reddevitz – die längste und schmalste Landzunge der Insel.

KLEINE PAUSE

Einen fantastischen Blick haben Sie vom Aussichtsturm im **Vju Hotel** (S. 96). Anschließend können Sie auf der Seeblickterrasse des Hauses Kaffee und Kuchen, kühle Drinks und eine feine Weinauswahl genießen.

 ✝ 213 F3

Kurverwaltung Göhren
✉ Poststr. 9, 18586 Göhren
☎ 038308 66790
🌐 www.goehren-ruegen.de
🕐 Mai–Okt. Mo–Fr 9–18, Sa 10–15,
Nov.–April Mo–Fr 9–17, Sa 10–15 Uhr

Heimatmuseum
✉ Strandstr. 1 A
🌐 https://ruegen-museen.de
🕐 April–Oktober Di, Do–Sa 11–17 Uhr

Mönchguter Museumshof
✉ Strandstr. 4
☎ 038308 66790
🕐 derzeit geschl.

Dat Rookhus
✉ Thiessower Str. 7
🌐 https://ruegen-museen.de
🕐 siehe Website

Magischer Moment

Der Findling und die Seejungfern

Unterwegs auf dem Nordperd, einem bewaldeten Kap, das den östlichsten Punkt der Insel bildet, bieten sich fantastische Ausblicke auf die See. Aber was ist das? Wie ein großer, grauer, gestrandeter Wal liegt nur etwa 300 Meter vom Ufer entfernt ein 1800 Tonnen schwerer Stein: »Buskam« heißt der Findling, was auf das Altslawische »bogis kamin« zurückgehen und »Gottesstein« bedeuten könnte. Gesichert ist das nicht, es gibt auch andere Deutungen. Am interessantesten sind ohnehin die Legenden: etwa die Vorstellung, dass hier in manch magischer Nacht Seejungfern auf seinem Rücken tanzen …

Nach Lust und Laune!

25 Baabe

In Baabe kam der Badetourismus erst in den 1920er-Jahren in Schwung. Das ruhige Seebad wartet mit einem bis zu 25 m breiten Sandstrand, kleinen Hotels, einem Kurpark mit Kunstobjekten und einer drehbaren Freilichtbühne auf. Optisches Highlight an der Promenade ist das gläserne Inselparadies.

Reetgedeckte Fischerhäuser finden sich im Dorfkern, etwa das Zuckerhuthaus aus dem 17. Jh. Teilweise ist der Ort zwischen dem Boddengewässer Moritzburger Beek und der Ostsee nur 500 m breit. Interessant ist die evangelische Kirche, die wie ein kieloben liegendes Fischerboot ausschaut.

Am Baaber Bollwerk auf Boddenseite befindet sich ein neuer Wasserwanderrastplatz. Seit 1891 verkehrt eine Ruderfähre zwischen Baabe und Moritzdorf (S. 94).

Eine Strandpromenade verbindet Baabe mit Göhren (S. 88) und Sellin (S. 76).

✠ 213 E3

Kurverwaltung Baabe
✉ Am Kurpark 9, 18586 Baabe
☎ 03830 3 14 20 🌐 www.baabe.de
🕐 Mi–Mo 10–15, Di 10–18 Uhr

26 Thiessower Haken & Groß Zicker

Thiessow und sein Ortsteil Klein Zicker bildeten bis 2018 eine eigenständige Gemeinde, seitdem gehört diese zur Gemeinde Mönchgut. Bis 1945 war hier eine der wichtigsten Stationen für Lotsen, die dafür sorgten, dass Schiffe sicher in den Hafen von Stralsund einliefen.

Der Lotsenturm bietet eine tolle Fernsicht über das idyllische Mönchgut hinweg. Seine Aussichtsplattform ist gegen eine geringe Gebühr zugänglich, die historische Lotsenwache mit dem kleinen Museum während des Sommerhalbjahres zu besichtigen.

Ein schöner Spaziergang führt vom Südperd nach Klein Zicker am westlichen Zipfel der Gemeinde. Entlang des Weges kommen Sie an einem der beliebtesten Kite- und Windsurfreviere der Insel vorbei.

Am äußersten Ende des Thiessower Hakens hinter Klein Zicker sollten Sie unbedingt auf den ehemaligen Radarhügel steigen. Dort oben haben Sie einen herrlichen Blick auf die Zickerschen Alpen und das malerische Groß Zicker auf der anderen Seite der Bucht.

Groß Zicker gilt mit seinen eindrucksvollen reetgedeckten Katen und Dreiseitgehöften als eines der schönsten Fischerdörfer Rügens. Am bekanntesten ist das im Jahr 1723 erbaute Pfarrwitwenhaus, das mit seinem zuckerhut-ähnlichen Dach sehr gut erhalten ist. Es diente früher den Frauen verstorbener Pastoren als Unterkunft und bestand nur aus einem einzigen Raum ohne Schornstein. Die spätgotische Dorfkirche in Groß Zicker stammt

Typisch für Rügen: reetgedeckte Häuser, hier das Pfarrwitwenhaus in Groß Zicker

aus dem 14. Jh. und gilt als ältestes Gebäude der Region Mönchgut. Schauen Sie sich auch die fast 300 Jahre alten Grabsteine aus Findlingen im Chor der Kirche an. Sie sind mit den auf Rügen typischen Hausmarken versehen (S. 17).

✢ 213 E1/2

Tourist-Information Thiessow
✉ Hauptstraße 36, 18586 Ostseebad Mönchgut
🕐 Nov.–März geschl., April u. Okt. Mo, Di u. Do. 9–12.15 u. 12.45–16, Mai-Sept. Mo, Di u. Do 9–12 u. 13–18 Uhr

Kirche/Pfarrwitwenhaus Groß Zicker
✉ Boddenstr. 14A ☎ 038308 82 48
🕐 Juni, Sept./Okt. Mo–Fr 11–16, Sa/So 13.30–16, Juni, Sept. Mo–Fr 10–17, Sa/So 13–17, Juli/Aug. Mo–Fr 11–17, Sa/So 13.30–17 Uhr 🎫 Kirche: frei; Pfarrwitwenhaus: 2,20 €

27 Gager

Bekannt ist das kleine Dorf an der Nordküste des Zickerschen Höfts vor allem als Fischereihafen. Aber auch unter Seekajakfahrern ist Gager durchaus ein Begriff. Das Ausflugsschiff »Mönchgut« nach Lauterbach oder Peenemünde auf Usedom legt während der Sommermonate mehrmals wöchentlich ab. Sehr lohnende Fahrten zu den Kegelrobben bietet die Boddenreederei Rügen (Tel. 038308 83 89) an. Außerdem können „Pedalritter" das Angebot der Reederei nützen, bequem mit dem Rad zwischen den Inseln Rügen und Usedom überzusetzen. Am frühen Morgen kann man im Hafen von Gager fangfrischen Fisch direkt vom Boot kaufen. Gager und Groß Zicker sind durch einen 8 km langen Rundweg durch die Zickerschen Alpen miteinander verbunden, eine mit Heide und Trockenrasen bewachsene Hügelkette mit schönem Ausblick vom 66 m hohen Bakenberg.

☩ 213 E2

Kurverwaltung Gager
✉ Zum Hövt 15 A, 18586 Gager
☎ 038308 82 10
⊕ www.ostseebad-moenchgut.de
◐ Mai-Mitte Sept. Mo-Fr 9-12 und 14-17, Sa/So 9-12, Mitte Sept.-April Mo-Fr 9-14 Uhr

28 Middelhagen

In dem hübschen Dorf gibt es romantische Fischerkaten und ein Schulmuseum in der ehemaligen Dorfschule von 1825. Dort dürfen noch Freiwillige die enge Schulbank drücken und wie anno dazumal mit Schiefertafel und Kreide pauken. Hinterher erhalten Sie sogar ein Zeugnis! Interessant sind auch die ehemaligen Wohnräume des Dorflehrers, die ebenfalls besichtigt werden können.

Neben dem Schulhaus ragt die um das Jahr 1455 errichete St.-Katharina-Kirche in den Himmel. Rü-

Schulmuseum in Middelhagen

☩ 213 E3

Tourist-Information Middelhagen
✉ Dorfstr. 4, 18586 Middelhagen
☎ 038308 21 53
⊕ www.middelhagen.de
◐ April u. Okt. Mo-Fr 9-12.15 u. 12.45-16, Mai-Sept. Mo-Fr 9-12 u. 13-18, So 10-14, Mov-März Mo-Fr 9-12.15 u. 12.45-15 Uhr

Schulmuseum
☎ 038308 24 78 ◐ Juni-Okt. Di-So 11-17 Uhr, hist. Schulstunde Di., Mi. 10 u. 11.30 Uhr nach tel.Voranmeldung
💰 Museum: 3 €; hist. Schulstunde: 7 €

gens ältester Schnitzaltar, der um das Jahr 1480 geschaffene Katharinenaltar, befindet sich darin. Er kam wohl erst nach dem Dreißigjährigen Krieg von Stralsund nach Middelhagen. Der hölzerne Glockenturm wurde erst später hinzugefügt: Die Zisterziensermönche, denen die Kirche zu Beginn unterstand, wollten keinen Turm.

☩ 213 E3

29 Moritzdorf

Das Dörfchen ist unter anderem beliebt wegen seines Aussichtshügels über dem Ort. Von Ostern bis Oktober tummeln sich hier viele Radwanderer auf dem Weg von der Granitz nach Mönchgut oder umgekehrt. Von oben haben Sie eine traumhafte Aussicht auf das Boddengewässer Having sowie nach Baabe und zum Selliner See. Eine historische Fähre, die teilweise noch mit Muskelkraft betrieben wird,

Idylle pur: der Naturhafen von Seedorf

setzt Radfahrer und Spaziergänger über zum Baaber Bollwerk, wo auch Schiffe zu Rundfahrten um die Insel Vilm starten (S. 101).

✣ 213 E3

30 Seedorf

Am schönsten ist es in dem idyllischen Weiler, wenn die Sonne untergeht. Glühend rot verschwindet sie hinter den Wipfeln der Bäume am anderen Ufer des kleinen Kanals, der den Neuensiener See mit dem Boddengewässer Having verbindet. Eine kleine Fußgängerbrücke führt auf die andere Seite. Von dort geht ein Spazierweg zu den 3 km entfernten Großsteingräbern.

Am südlichen Ortsende haben Sie einen wundervollen Ausblick über das Wasser zum Reddevitzer Höft. Viele Radwanderer und Segler tummeln sich sommers im Ort und essen einen Happen, etwa in der gemütlichen Gaststätte Seeblick (S. 98) am Neuensiener See oder ein Fischbrötchen bei »De Seedörper«.

31 Lancken-Granitz

Einige der beeindruckendsten Großsteingräber Rügens befinden sich am südwestlichen Ende des kleinen Dorfs. Rund 1 km vom Ortskern entfernt türmen sich vier als »Ziegensteine« oder »Siegessteine« betitelte Gräber aus der Zeit um 2300 v. Chr. Sie sind von allen Hünengräbern auf Rügen am besten erhalten. Trotz des oftmals heftigen Durchgangsverkehrs der Urlauber auf dem Weg in die Seebäder hat sich der Ort Lancken-Granitz seinen dörflichen Charme bewahrt. Bauernhäuser mit Fachwerk und Reetdach sind noch einige vorhanden. Die auf einem Hügel stehende Backsteinkirche wurde im 15. Jh. erbaut. Die achtseitige Kanzel mit sternförmigem Schalldeckel stammt aus dem Jahr 1598. Ein besonderer Blickfang und ein beliebtes Fotomotiv ist die rund 800 m lange Kastanienallee, die von Lancken-Granitz weiter bis in Richtung Jagdschloss führt.

✣ 213 D3

Imposant: Großsteingräber bei Lancken-Granitz

NACH LUST UND LAUNE!

Wohin zum ... Übernachten?

Preise für ein Doppelzimmer pro Nacht (in der Hauptsaison deutlich höher):
€   unter 60 €
€€   60–130 €
€€€   über 130 €

MÖNCHGUT UND SELLIN

Cliff Hotel €€–€€€
Dort, wo einst hohe Parteikader der SED Ferien machten, lassen sich heute Feriengäste auf hohem Niveau verwöhnen. Das klotzige Hotelhochhaus mit 246 Zimmern ist zwar von außen nicht gerade ein Inbegriff gelungener Architektur, doch von den oberen Zimmern haben Sie einen fantastischen Ausblick über fast ganz Rügen. Das Spa mit großzügigem Schwimmbad kann sich ebenfalls sehen lassen. Versuchen Sie es doch einmal mit einer Kreidekur – eine Wohltat nicht nur für die Haut.
✢ 213 E4 ✉ Cliff am Meer 1, 18586 Sellin
☎ 038303 80 ⊕ www.cliff-hotel.de

Hotel Seeschloss Sellin €€€
Ein Haus am See wünscht sich jeder, aber wie wär's mit einem Schloss am (Baltischen) Meer? Noch dazu in Toplage oberhalb des feinsandigen Badestrandes mit der berühmten Seebrücke in Sellin und einem fantastischen Blick bis zum Horizont? Helle Zimmer und Suiten, Spa und Restaurant tragen in diesem privat geführten Haus zum Entspannen, Genießen und Wohlfühlen bei.
✢ 213 E4 ✉ Hotel Seeschloss Sellin
Am Hochufer 7, 18586 Sellin
☎ 8303 159660 ⊕ www.seeschloss-hotel.de

Küstenkoje €€
Quasi am Ende der Welt steht dieses hübsche Ferienhaus unterhalb des ehemaligen Radarhügels von Klein Zicker. Der idyllisch gelegene Bungalow bietet auf 55 m² außergewöhnlichen Komfort wie Fußbodenheizung, Handtuchwärmer und eine eigene Sauna. Zum Strand sind es 50 m. Ein idealer Ort für Surfer und Wanderer.
✢ 213 E2 ✉ Dörpstrat 23, 18586 Klein Zicker
☎ 038308 348 69 ⊕ www.kuestenkoje.de

Roewers Privathotel €€€
Restaurierte Bäderarchitektur und zeitloses Design vereint diese Anlage in insgesamt fünf verschiedenen Häusern, die unterirdisch miteinander verbunden sind. 54 exklusive Suiten und Zimmer im lichten klassischen Stil machen Entspannung zum Vergnügen. Highlight ist das wunderschöne Spa mit Saunen und Whirlpools. Zur Villa Sella gehört ein Rooftop-Pool, der nur Erwachsenen vorbehalten ist.
✢ 213 E4 ✉ Wilhelmstr. 34, 18586 Sellin
☎ 038303 12 20 ⊕ www.roewers.de

Taun Hövt €€
Idyllisch eingebettet zwischen Bodden und Zickerschen Bergen liegt diese reetgedeckte Anlage mit neun Apartments, umgeben von Feldern und Wiesen. Die Unterkünfte unterschiedlicher Größe sind geschmackvoll eingerichtet und in warmen Farben gestaltet. Eine Küchenzeile steht jeweils zur Verfügung. Zwei Apartments haben eine eigene Sauna. Das hauseigene Restaurant bietet leckere Fischgerichte.
✢ 213 E2
✉ Boddenstr. 61, 18586 Mönchgut/Groß Zicker ☎ 038308 54 20
⊕ www.taun-hoevt.de

Mit Muskelkraft setzt der Fährmann von Baabe nach Moritzdorf über.

Vju Hotel Rügen €€€
Kennzeichen des ehemaligen Hotels Hanseatic – unter neuer Leitung ab Nov. 2020 umfassend renoviert und im April 2021 umbenannt – ist der markante Aussichtsturm. Die Wellnesslandschaft mit orientalisch anmutendem Schwimmbad lässt keine Wünsche offen, das Gleiche gilt für das À-la-carte-Restaurant »Küstensilber«.
✢ 213 F3 ✉ Nordperdstr. 2, 18586 Göhren
☎ 038308 515 ⊕ www.vju-ruegen.de

BINZ

Grand Hotel Binz €€€
124 exklusive Suiten und Zimmer mit erlesenem Interieur bieten Komfort der Spitzenklasse. Balkon oder Terrasse sind ebenso selbstverständlich wie der herrliche Ostseeblick. Die ausgedehnten Wälder der Granitz liegen quasi nebenan, der Strand wartet direkt vor der Tür. Ein gut 1000 m² großes Beauty-Spa verwöhnt u. a. mit Schwimmbad, Hamam und Fitnesscenter.
✢ 213 D4 ✉ Strandpromenade 7, 18609 Binz
☎ 038393 150 ⊕ www.grandhotelbinz.com

Kurhaus Binz €€€
Luxushotel, das wie einst in den 1920er-Jahren das Herz von Binz ausmacht. Während Passanten das gelungen restaurierte Haus direkt an der Seebrücke von außen bestaunen, genießen Hotelgäste Komfort auf höchstem Niveau. Fürs leibliche Wohl sorgt ein Spitzenrestaurant mit angeschlossenem Steakhaus. Eine schöne Wellnesslandschaft, 137 Zimmer, Suiten und Residenzen sind klassisch gehalten und lassen ein bisschen Schlossromantik aufkommen.
✢ 213 D4
✉ Strandpromenade 27 (Anfahrt: Schillerstr. 4=, 18609 Binz ☎ 038393 66 50 ⊕ www.travelcharme.com

Villa Haiderose €€–€€€
Einen herrlichen Ostseeblick haben Sie von den liebevoll eingerichteten Wohnungen der Jugendstilvilla. Je nach Lust und Laune können die Gäste mit Blick aufs Meer frühstücken oder in der originell eingerichteten Kapitänskajüte in Büchern schmökern und essen. Der hauseigene Wellnessbereich bietet u. a. Kosmetikbehandlungen und Sauna. Familiär geführtes Haus.
✢ 213 D4 ✉ Strandpromenade 14, 18609 Binz
☎ 038393 51 39 ⊕ www.villahaiderose.de

Wohin zum ... Essen und Trinken?

Preise für ein Hauptgericht (ohne Getränke):
€   unter 10 €
€€ 10–20 €
€€€ über 20 €

MÖNCHGUT UND SELLIN

Ambiance €€€
»Das Beste von Rügen« bietet Küchenchef Dirk Bretschneider im Feinschmeckerrestaurant von Roewers Privathotel. Exklusive international geprägte Küche steht auf der Speisekarte, wobei eine regionale Note nicht zu übersehen ist. So gibt es feine Gerichte wie Ostseesteinbutt mit Bouillabaisse-Gemüse oder Mecklenburgischen Hirsch. Das Restaurant Clou direkt daneben offeriert zur Mittagszeit kleine Gerichte, die auch auf der Terrasse zur Wilhelmstraße serviert werden.
✢ 213 E4 ✉ Wilhelmstr. 34, 18586 Sellin
☎ 038303 12 20
⏱ tägl. 18–22 Uhr; Clou 12–22 Uhr

Café Klatsch €
Die Zwillingsschwestern Andrea und Dorina Franz haben sich mit diesem Café einen Traum erfüllt. »Wie bei Muttern« heißt ihr Motto in puncto Backen – zehn bis zwölf Kuchen und Torten stehen in dem freundlich gestalteten Café täglich zur Auswahl.
✢ 213 E3 ✉ Am Kurpark 2, 18586 Baabe
☎ 0172 302 70 58 ⊕ www.baabe-cafeklatsch.de ⏱ Mi–So ab 11.30 Uhr

Dat Strandhus €–€€
Direkt am Strand von Lobbe liegt das moderne Selbstbedienungsbistro, das neben Fischbrötchen, Bratwurst, Pommes auch Burger und »echte Hauptspeisen« bietet.
✢ 213 E2 ✉ Lobbe 32 B, 18586 Middelhagen
☎ 038308 66 40 22 ⊕ www.facebook.com/

datstrandhus/ ❶ tägl. 12–20 Uhr, Mo–Fr (Mai–Okt.) Frühstück ab 8 Uhr, Sa/So Brunch ab 9 Uhr

Fürst Jaromar €€
Fleisch aus artgerechter Tierhaltung, fangfrischer Fisch und mediterrane Salate zeichnen die gute Restaurantküche des Hotels Fürst Jaromar aus. Bei Sonnenschein wird das Essen auch im Sommergarten serviert; dort haben Sie einen herrlichen Blick auf das Boddengewässer und auf die Zickerschen Berge.
✠ 213 E1 ✉ Hauptstr. 1, 18586 Mönchgut
☎ 038308 345 ⊕ www.jaromar.de
❶ tägl. 12–22 Uhr

Beliebter Stopp: Gasthof zur Linde

Gasthof Zur Linde €–€€
Familiär geführtes Restaurant mit solider Küche. Hier wurde u. a. die Fernsehserie »Ein Bayer auf Rügen« gedreht. Das gemütliche, rustikale Ambiente verleitet Radwanderer länger zu pausieren als geplant. Probieren Sie einmal das leckere selbst gebraute Bio-Bier oder den Kaffee aus eigener Röstung!
✠ 213 E3 ✉ Dorfstr. 20, 18586 Middelhagen
☎ 038308 55 40
⊕ www.zur-linde-ruegen.de
❶ tägl. ab 12 Uhr; Mitte Nov.–Mitte Dez. und Jan. geschl.

Gaststätte Seeblick €€
Fernab vom Trubel der Seebäder liegt am Neuensiener See die Pension und Gaststätte Seeblick. Große Fenster bieten Ausblick in die Natur. Freunde würzig zubereiteten Fischs kommen hier auf ihre Kosten.
✠ 213 E3 ✉ Neuensien 9 A, 18586 Sellin OT Neuensien ☎ 038303 865 97
⊕ www.ferienpension-seeblick.de
❶ Mitte März–Okt. tägl. ab 11.30 Uhr

Kliesow's Reuse €€
Sehr gutes Restaurant mit regionaler Küche und Fischküche im ältesten Dorf des Mönchguts. Der mehr als 430 Jahre alte Hof wurde zum Gasthof umgebaut. In der Scheune speisen Sie in urig-rustikaler Atmosphäre.
✠ 213 E3 ✉ Dorfstr. 23 A, 18586 Middelhagen/Alt Reddevitz
☎ 038308 21 71
⊕ www.kliesows-reuse.de
❶ tägl. ab 12 Uhr

Kolonialstübchen €
Das gemütliche Café lockt zum Frühstücken oder für einen Nachmittagstee. Verkauft werden zudem rund 300 Sorten Tee, edle Pralinen, Essig, Öl, Wohnaccessoires und vieles mehr.
✠ 213 E4 ✉ August-Bebel-Str. 5, 18586 Sellin
☎ 038303 95 80 29
⊕ www.kolonialstuebchen.de
❶ Di–So 9–18 Uhr

moccavino €
In der kleinen Tortenmanufaktur sitzt man in herrlicher Lage direkt am Bodden und genießt zu Kuchen guten Kaffee oder eine Tasse Tee.
✠ 213 E3 ✉ Alt Reddevitz Nr. 18 a, 18586 Middelhagen
☎ 038308 663 36
⊕ www.moccavino.com
❶ tägl. außer Di/Mi ab 11 Uhr

Restaurant Küstensilber im Vju Hotel Rügen €€€
Küchenchef Michael Simon kreiert in diesem neuen kulinarischen Hotspot der Insel eine stimmige Symbiose aus Tradition und

Moderne, wobei Saisonalität und beste Produkte von entscheidender Bedeutung sind. Um Tischreservierung wird gebeten.
✛ 213 F3 ✉ Nordperdstr. 2, 18586 Göhren
☎ 038308 515
⊕ www.hotel-hanseatic.de
⊘ tägl. 13–16 und 18–21 Uhr

Strandcafé Thiessow €€
Eine herrliche Terrasse mit Windschutz und Meerblick lädt zur gemütlichen Kaffeepause am Strand ein. Waffeln mit heißen Kirschen sind die Spezialität des Hauses. Fangfrischer Ostseefisch von heimischen Fischern wird ebenfalls freundlich serviert.
✛ 213 E1 ✉ Strandpromenade 1
18586 Middelhagen ☎ 038308 83 45
⊕ www.facebook.com/StrandcafeThiessow
⊘ Ostern–Okt. tägl. ab 11.30 Uhr

BINZ

Freustil & Canteen €€–€€€
Sterneküche ohne Star-Allüren: 2013 eröffnet, wurde das Restaurant von Spitzenkoch Ralf Haug gleich mit einem Michelin- Stern geadelt. Das Ambiente unter dem Dach des Hotels Vier Jahreszeiten hat einen skandinavischen Touch, dazu passt der angenehm legere Dresscode. Ralf Haug setzt auf leichte regionale Küche mit originellen Kreationen. Abends gibt es zwei Menüs, mittags eine kleine Karte zu durchaus sympathischen Preisen.
✛ 213 D4 ✉ Zeppelinstr. 8, 18609 Binz
☎ 038393 504 44 ⊕ www.freustil.de
⊘ Mi–So 12–15 und 18–21 Uhr

Strandhalle Binz €€
Ein hoher, heller Raum, gemütliche Wohnzimmermöbel, eine bunt gemischte Dekoration mit Bildern und Antiquitäten: Das Ambiente der Strandhalle Binz ist einladend und originell. Die Küche auch: Gerichte wie Birnen-Sellerie-Cremesuppe und der Nachtisch »Scheiterhaufen« wurden mit der Zeit legendär.
✛ 213 D4 ✉ Strandpromenade 5, 18609 Binz
☎ 038393 315 64
⊕ www.strandhalle-binz.de
⊘ tägl. 12–22 Uhr

Wohin zum … Einkaufen?

MÖNCHGUT UND SELLIN

Regionale Produzenten und Kunsthandwerker bieten ihre Erzeugnisse auf dem Rügen Markt im Hafen von Thiessow an (Mai–Okt. Di und Do 9–16 Uhr).
Brände und Whisky produziert die Mönchguter Hofbrennerei »Ebbe&Flut« auf dem Reddevitzer Höft (Alt Reddevitz 36, Tel. 038308 341 05, https://www.ruegen-whisky.de, Mo–Fr 10–16 Uhr). Im Hofladen gibt es zudem Kuchen und Griebenschmalzbrote.
Im Sonnenhofladen der Villa mit Sonnenhof in Göhren (Friedrichstr. 8, www.villa-mit-sonnenhof.de, Do u. Fr 11–17 Uhr, Feb. Betriebsferien) stehen Kräuter, Sirups und Marmeladen, Salze, Essige und Balsame, Blüten-Essenzen, Gewürzmischungen und noch einiges andere mehr zum Verkauf.
Frischen Fisch gibt es bei De Seedörper (Tel. 038303 879 74, www.deseedoerper.de, Mo–Sa 9–12 Uhr) in Seedorf am Seglerhafen.
Bernstein vom Fachmann führt in Sellin der Goldschmiedemeister Jürgen Kintzel (Granitzer Str. 43, Tel. 038303 872 79, Mo–Fr 10–13 und 14–17, Sa 10–12 Uhr). Direkt hinter dem Geschäft befindet sich das Bernsteinmuseum (S. 79). Seit sich Jürgen Kintzel, der »Mann mit den goldenen Händen«, Ende 2021 zur Ruhe setzte, werden sein Geschäft und das Bernsteinmuseum von seinem Sohn weitergeführt.
Zahlreiche Souvenirläden und Geschäfte mit Waren des täglichen Bedarfs finden sich entlang der Wilhelmstraße in Sellin und der Strandstraße in Göhren.
In der Bockwindmühle in Altensien (Am Pferdehof, Mai–Sept. tägl. 10–17 Uhr) ist donnerstags Backtag: Ein Bäcker aus Sellin backt nach alten pommerschen Rezepten knusprig-kräftiges Brot.

BINZ

Binz ist für Einkaufslustige eine gute Adresse. Dort bieten die Hauptstraße, die zur Seebrücke führt und abzweigende Straßen, so

ziemlich alles, was des Urlaubers Herz begehrt. Aber auch entlang der Strandpromenade haben sich Geschäfte angesiedelt.
Die Margaretenstraße ist inzwischen etablierte Kunstmeile des Orts: Die Narrenkeramik (Margaretenstr. 21–22, http://narren-keramik.de) von Kathrin Grünke bietet hier seit 1991 farbenfrohes Geschirr. Das Alltagsgeschirr von Tonicum Keramik ist robust und gleichzeitig ansprechend-schlicht (Margaretenstr. 20, www.tonicum-keramik.de). Im selben Gebäude verkauft Malerin Karen Utermann in der Galerie Jahreszeiten (www.galerie-jahreszeiten.de) ihre leuchtenden Blumenaquarelle, auch auf Postkarten und Kalendern. In der Glasbläserei Blumberg (Schiller-/Margaretenstraße, www.blumberg-glas.de) dürfen Interessierte den Kunsthandwerkern über die Schulter schauen.
Das Design House Binz gleicht ein wenig einem Museum für ungewöhnliche Gebrauchsgegenstände (Hauptstr. 6, www.design-house-binz.de).
Damen können bei Annette Köllmann Mode (Schillerstr. 4 und Hauptstraße/Ecke Elisenstraße, www.annettekoellmann.de, Mo–Sa 10–18 Uhr) hochwertige Freizeitmode und Taschen erstehen. Herren werden fündig bei Dohrmann Mode (Hauptstr. 20, www.dohrmann.ag, Mo–Sa 10–18 Uhr).
Das größte Angelfachgeschäft Rügens gibt es in Prora. Petrijünger finden hier alles für den großen und kleinen Fang. Sie können auch Hochsee-Angeltouren buchen und erhalten Infos und Equipment für das Angeln rund um Rügen (Proraer Chaussee 50, Tel. 038393 13 38 91, www.angeln-ruegen.de).
Die Räucherei Kuse (Strandpromenade 3a, Tel. 038393 29 70, tägl. ab 9 Uhr) am südlichen Ende der Strandpromenade von Binz verkauft Fisch, auf Brötchen und geräuchert.

Wohin zum ... Ausgehen?

NACHTLEBEN

Globetrotter
Die große Cocktailkarte der Göhrener Bar enthält Drinks mit afrikanischer, mexikanischer, kanadischer und karibischer Note. Eine große Rum- und Whisky-Auswahl sowie 300 weitere Spirituosen machen die Entscheidung schwer.
✢ 213 F3
✉ Katharinenstr. 5, 18586 Göhren
☎ 038308 254 14 ⊕ www.globetrotterbar.de
❶ Di–Sa ab 19 Uhr, Wintersaison nur Fr/Sa

Kabarett-Theater Lachmöwe
Politisch-satirisches Kabarett bietet das Ensemble im Sommerhalbjahr und zum Jahreswechsel in Baabe. Das kleine Kellertheater mit gastronomischem Angebot befindet sich unter dem Strandhotel.
✢ 213 E3
✉ Strandstr. 24, 18586 Baabe
☎ 038303 990 75
⊕ www.kabarett-lachmoewe.de

Sommervarieté im Kurhaus Binz
Ein Highlight in Binz ist das Varieté im historischen Saal des Kurhauses. Jedes Jahr wird hier eine neue abwechslungsreiche Show mit Akrobatik, Artistik, Tanz, Magie und Comedy aufgeführt, für die Stars der Szene verpflichtet werden. Im Mai 2022 wurde dafür eine neue, eigens errichtete Veranstaltungslocation eröffnet: das Spiegelzelt Sellin

Maritime Idylle am Hafen von Gager

MÖNCHGUT UND GRANITZ

– eine weiße Zeltstadt direkt neben dem Ahoi-Bad auf dem Gelände des Seepark Sellin, das die Kurgäste und Besucher der Insel direkt in die Atmosphäre der 1920er-Jahre, also in die Blütezeit der Varietétheater eintauchen lassen möchte..
✝ 213 D4 ✉ Strandpromenade 27, 18609 Binz ☎ 038393 66 55 23. Ticket-Hotline 0341 248 31 074 ⊕ https://sommervariete.com

Villa Salve
Auch in dieser Cocktailbar an der Binzer Strandpromenade ist zu später Stunde noch einiges los. Der Barkeeper unterhält seine Gäste mit Charme und Witz, bei schönem Wetter kann man auch auf der Terrasse oder der Freiluftbar Platz nehmen.
✝ 213 D4 ✉ Strandpromenade 41, 18609 Binz ☎ 038393 22 23 ⊕ www.salve-binz.de
🕐 tägl. ab 17–24 Uhr, in der Saison open end; Außen- bzw. Freiluftbar Mitte Juni–Mitte Sept. je nach Wetterlage

FÜHRUNGEN

Eine Nachtwanderung durch die Granitz sowie naturkundliche (Kräuterwanderungen) und historische Erkundungstouren bietet **René Geyer** an (Tel. 0173 989 80 31, www.naturgeyer.de).

SCHWIMMEN & WELLNESS

In den Seebädern verfügen einige Hotels über Wellnessbereiche, die außerhalb der Hauptsaison und auf Nachfrage auch Nicht-Hotelgästen zur Verfügung stehen: etwa **Binz-Therme** (www.binz-therme.de), **Hotel Meersinn** in Binz (www.hotel-meer sinn-ruegen.de), **Grand Hotel Binz** (S. 97), **Cliff Hotel** in Sellin (S. 96) und **Vju Hotel Rügen** in Göhren (S. 97).

Erlebnisbad AHOI! RÜGEN
Zu den Highlights dieses Erlebnisbades gehören eine 100 m lange Wasserrutsche mit Licht- und Toneffekten, Unterwasser-Sprudelliegen, Wassergeysire und Whirlpools. Entspannen können Sie sich in der Saunalandschaft mit Kamin-, Leuchtturm- und Kristallsauna, Dampfbad, Tepidarium und Kreidebad. Im Angebot sind auch Massagen und Kreidepackungen.
✝ 213 E4 ✉ Badstr. 1, 18586 Sellin ☎ 038303 12 30 ⊕ www.ahoi-ruegen.com
🕐 Ostern–Okt. tägl. 11–21, Nov.–Ostern 14–21 Uhr ✎ 15 €

Erlebnisbad Vitamar
Im Ferienpark des IFA Rügen lockt diese Schwimmhalle mit Erlebnisgrotten, Strömungskanal und schönem Saunabereich im Untergeschoss.
✝ 213 D4 ✉ Strandpromenade 74, 18609 Binz ☎ 038393 90
⊕ www.ifa-ruegen-hotel.com
🕐 tägl. 9–19 Uhr, ✎ ab 6,50 €

WASSERSPORT

Kurse im Kitesurfen bietet **ProBoarding** in Klein Zicker von April bis Oktober (Termine erfragen). Eintägige Kurse (ab 140 €, 3 Std.) weisen in die Kunst des Drachen-Surfens ein. Auch Stand-up-Paddeln kann erlernt werden. Ein einstündiger Kurs für Einsteiger kostet ca. 30 € (Dörpstrat 35, Klein Zicker, www.proboarding.de).
Am **Campingplatz Baabe** (Tel. 0172 325 77 62, www.windrider.de) können Sie Segeln lernen, ein 10- bis 12-stündiger Grundkurs über 3-6 Tage kostet 170 €.
In der **Kiteschule Casa-Atlantis** (Tel. 0173 218 61 11, www.kitesurfen-rügen.de) ist man natürlich aufs Kitesurfen spezialisiert, bietet aber Windsurfkurse und SUP-Verleih an.

SCHIFFSAUSFLÜGE

Ausflugsfahrten ab Binz, Sassnitz, Sellin und Göhren bietet die **Reederei Adler-Schiffe** (Tel. 04651 987 08 88, www.adler-schiffe.de) an; täglich geht es zu den Kreidefelsen. Nach Peenemünde auf Usedom fährt die **»MS Hanseat«** der Boddenreederei Rügen (Tel. 038308 83 89, www.boddenreederei-ruegen.de, Juni–Sept.) mehrmals wöchentlich ab Gager. Sie können auch eine **Yacht chartern** und damit auf große Tour rund um die Insel gehen. **MV-Maritim** bietet einen Überblick über die verfügbaren Angebote (www.mv-maritim.de).

WOHIN ZUM ...

Wunderbarer Rundumblick vom 91 m hohen Ernst-Moritz-Arndt-Turm in der Inselhauptstadt Bergen auf Rügen

Zentralrügen

Das flache Muttland liegt abseits des Touristenrummels – und genau diese Ruhe macht den besonderen Reiz aus.

Seiten 102–135

Erste Orientierung

Der Reiz des Muttlandes, wie die Rüganer den Inselkern nennen, offenbart sich eher auf den zweiten Blick. Statt Sandstränden und Seebadtrubel bietet sich Naturliebhabern ein weites Feld zum Radfahren oder Ausspannen in ländlicher Idylle.

Dort, wo sich Fuchs und Hase gute Nacht sagen auf Rügen, haben sich Künstler und Kunsthandwerker niedergelassen. Sie beleben das Zentrum der Insel. Gingst etwa hat sich zu einem Zentrum des Kunsthandwerks gemausert. In Putbus wiederum begeistert die fürstliche Architektur des 19. Jhs. die Besucher. Die Kultur spielt mit den Putbus Festspielen und dem einzigen Theater Rügens hier auch eine große Rolle. Der Ort gehört neben Garz und Bergen zu den drei Städten, die im Muttland liegen (insgesamt gibt es vier Inselstädte). Zwischen Kornblumenwiesen, Rapsfeldern und Laubtunneln erblickt der Reisende das ein oder andere sanierte Gutshaus, Bauernhöfe mit angeschlossenem Laden und mittelalterliche Kirchen der Backsteingotik. In der Abgeschiedenheit liegt der Reiz des Muttlands. Es verwundert also nicht, dass es Gäste aus den Seebädern ins Zentrum der Insel zieht.

TOP 10
- ❾ ★★ Putbus

Nicht verpassen!
- ㉜ Bergen
- ㉝ Garz
- ㉞ Gingst
- ㉟ Ummanz
- ㊱ Ralswiek

Nach Lust und Laune!
- 37 Zirkow
- 38 Lauterbach
- 39 Vilm
- 40 Schloss Karnitz
- 41 Zudar
- 42 Altefähr
- 43 Rambin
- 44 Schaprode
- 45 Lebbin
- 46 Liddower Haken
- 47 Woorker Berge

ERSTE ORIENTIERUNG

Mein Tag
in Gutshäusern und Parks

Lauterbach ist der Ausgangspunkt einer Rundreise mit dem Auto rund um das Herz der Insel mit seinen Schlössern und Herrenhäusern, Parks und Gärten.

🕘 9 Uhr: Kaffee im Badehaus

Leise plätschern die Wellen, zwei Schwäne dümpeln am Ufer, im Greifswalder Bodden ziehen die Segel eines alten Zeesenboots vorüber. In der Ferne ist das Pfeifen des Rasenden Roland zu hören – sonst herrscht Stille auf der Sonnenterrasse des Hotels Badehaus Goor (S. 131) in 38 Lauterbach (S. 125) mit seiner schmucken Kolonnade.

🕙 10 Uhr: Muße und Erkenntnis

Gleich hinter dem Hotel beginnt ein Spaziergang durch einen besonders schönen Abschnitt des Biosphärenreservats Südost-Rügen. Eine Landschaftsökologin hat hier den 4 km langen Weg der Muße und Erkenntnis durch den verwunschenen Goor-Wald angelegt. Eine Begleitbroschüre, die im Badehaus erhältlich ist, liefert die Hintergrundinfos zu 19 Stationen: Hügelgräber, Findlinge, jahrhundertealte Bäume.

🕛 12 Uhr: Kunst in der »Weißen Stadt«

Dank einer bemerkenswert hohen Galeriendichte bietet sich ein Kunstrundgang in ❾ ★★ Putbus (S. 110) an, mit einem Abstecher in die Orangerie, zu »Circus Eins« und in die Galerie Atelier Rotklee.

Eine Wegzehrung finden Sie bei Essen und Trinken am Markt von Putbus, einem bunten Café, dessen Spezialität Rügener Pfifferlinge sind – pikante Heringe.

ZENTRALRÜGEN

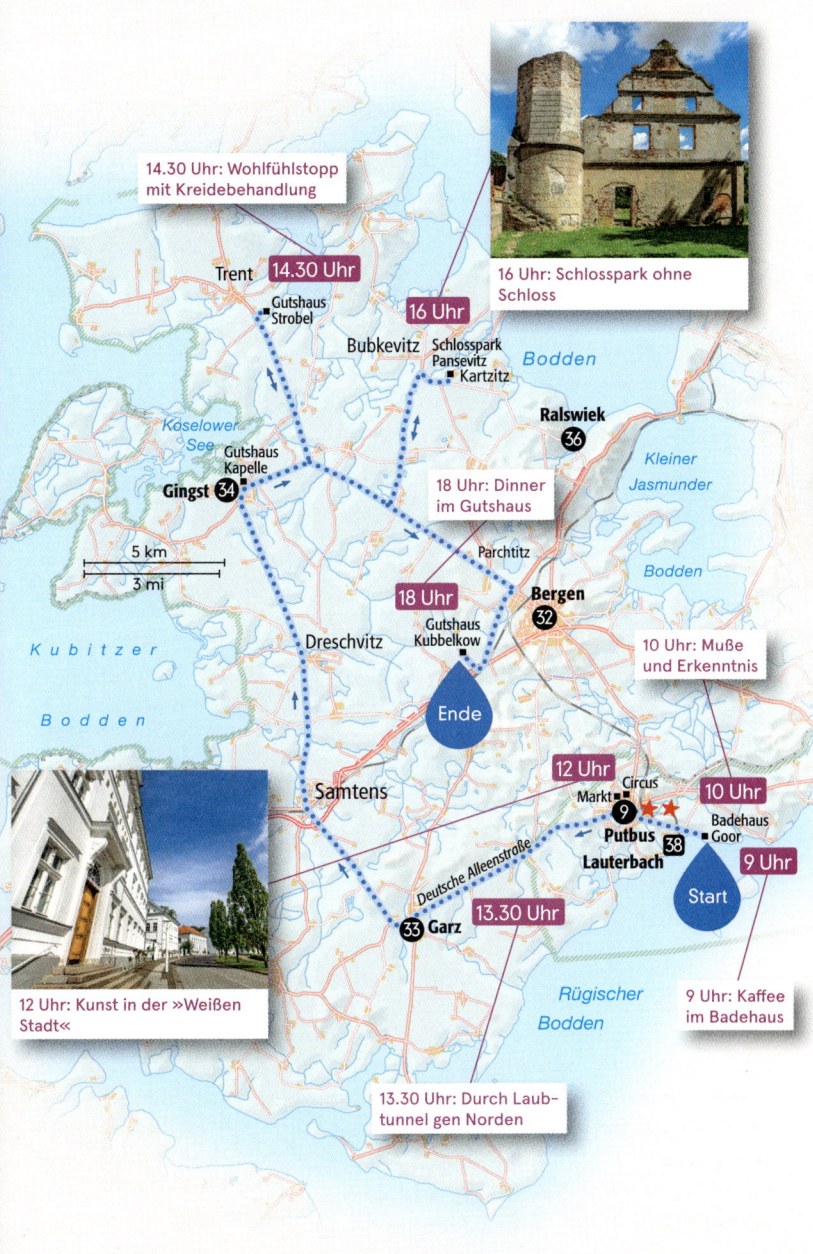

9 Uhr

Die Kolonnaden des Badehauses Goor geben den Blick frei auf die Marina von Lauterbach (links). Die Alte Bäderstraße ist die schönste Allee Rügens.

13.30 Uhr

 13.30 Uhr: Durch Laubtunnel gen Norden

Entlang der Deutschen Alleenstraße über 33 Garz geht es weiter in Richtung Norden. In 34 Gingst (S. 118) lohnt ein Zwischenstopp am Marktplatz, wo Sie sich im liebevoll geführten Buchladen mit Rügenliteratur eindecken können. Nur 1,5 km entfernt liegt das sanierte Gutshaus Kapelle (kein Zugang).

 14.30 Uhr: Wohlfühlstopp mit Kreidebehandlung

Dirk Strobel hat mit seiner Frau Simone nach der Wende den alten Gutshof, in dem sie vorher als Mieter lebten, gekauft. Den 200 m² großen Wellnessbereich des Gutshaus Strobel haben sie liebevoll aufgebaut. Hier können Sie sich mit Heilkreide verwöhnen lassen. Wie wäre es mit einer Rückenpackung, mit einem Ganzkörperpeeling oder einer Gesichtsbehandlung? Im riesigen Naturgarten wandeln die Gäste über den Barfußpfad.

16 Uhr: Schlosspark ohne Schloss

Auf dem Weg nach Süden lohnt ein Abstecher in den Schlosspark Pansevitz, ein altes Rittergut, das erstmals im 14. Jh. erwähnt wurde. Die Anlage nach dem Vorbild englischer Landschaftsgärten schlummerte lange im Dornröschenschlaf. An den Ruinen des einstigen Herrenhauses beginnt ein 850 m langer Rundweg durch den Park. Unweit beeindruckt das Gutshaus Kartzitz, das nur von außen zu besichtigen ist.

18 Uhr

Der Grüne Salon des Gutshaus Kubbelkow bietet stilvolle Gastlichkeit.

18 Uhr: Dinner im Gutshaus

Das Gutshaus Kubbelkow ist ein kulinarischer Geheimtipp. In einem liebevoll ausgestatteten Herrenhaus serviert Küchenchef Rolf Kappes in den mit Antiquitäten möblierten Salons gehobene regionale Küche – traditionell zubereitet, aber manchmal mit einer französischen oder asiatischen Nuance verfeinert. Das Wild jagt der Chef selbst, Gemüse und Kräuter kommen aus dem eigenen Garten.

Wer ein frühes Abendessen um 17.30 Uhr anfragt, schafft es sogar zur 20-Uhr-Vorstellung der Störtebeker-Festspiele (S. 123). Nur 15 Minuten sind es mit dem Auto nach Ralswiek an den Großen Jasmunder Bodden. Alternativ bietet sich ein Abend im Theater Putbus (S. 112) an. Die Vorstellungen beginnen in der Regel um 19.30 Uhr.

Galerie Circus Eins
✢ 212 C3 ✉ Circus 1, 18581 Putbus
☎ 0151 42 44 66 38 ⊕ www.circus-eins.de
⏲ April–Okt. tägl. 11–17, Nov.–März Do–So 11–17 Uhr

Galerie Atelier Rotklee
✢ 212 C3 ✉ Markt 10, 18581 Putbus 9 ☎ 0157 51 47 78 33 oder 0151 54 73 05 02 ⊕ www.atelier-rotklee.de ⏲ Do–So 13–17 Uhr

Essen und Trinken
✢ 212 C3 ✉ Am Markt 11, 18581 Putbus
☎ 0176 23 36 07 79 ⏲ Di–So 12–20 Uhr

Gutshaus Strobel
✢ 207 D2 ✉ Ganschvitz 4, 18569 Trent
☎ 03 83 09 13 28 ⊕ www.gutshaus-strobel.de

Gutshaus Kubbelkow
✢ 212 A4 ✉ Dorfstr. 8, 18528 Sehlen OT Klein Kubbelkow ☎ 03838 822 77 77
⊕ www.kubbelkow.de ⏲ tägl. 18–22, Fei ab 12 Uhr, Reservierung erforderlich

⑨ ★★ Putbus

Was?	Spaziergang vom Circus über den Schlosspark zum Theater
Warum?	Fürstliche Modellstadt in strahlendem Weiß
Wann?	Der Schlosspark duftet zur Bärlauchsaison besonders gut
Wie lange?	Halber Tag
Was noch?	»Verschwundenes Schloss« in der Alten Schmiede
Was nehme ich mit?	Upcycling-Kunst aus Treibholz von »Ein Tag am Meer« in der Alleestraße 7

Prachtvolle Architektur des Klassizismus, ein Schlosspark ohne Schloss, das einzige Theater Rügens und einige interessante Museen machen Putbus zum absoluten Muss eines Rügen-Aufenthalts. Statt Reetdächer und Fischerkaten können Sie hier die fürstliche Atmosphäre der einstigen Residenzstadt genießen.

Maltes Rondellplatz
»Weiße Stadt am Meer« wird Putbus genannt. Zu Recht, denn selbst an grauen Tagen strahlen die weißen Fassaden

Repräsentative Gebäude fassen den Circus ein.

der Villen und Gebäude. Wenn Sie von Bergen aus nach Putbus hineinfahren, führt die Straße direkt auf einen kreisrunden Platz zu. Der sogenannte Circus ist es wert, in Ruhe betrachtet zu werden: Streng geometrisch angeordnet, ziehen sich die weißen Häuser aus dem 19. Jh. rund um den Platz.

In der Mitte des Platzes erinnert ein rund 21 m hoher Obelisk an die Ortsgründung 1810 durch Fürst Wilhelm Malte I. zu Putbus. Er hatte die Idee, Putbus nach dem Vorbild Heiligendamms zu einem Badeort zu machen. Den zweiten Beinamen, Rosenstadt, verdankt die Stadt Maltes Verordnung, vor allen weißen Bürgerhäusern Rosen blühen zu lassen. Die Inschrift des Obelisken – »Was des Volkes Hände schaffen, ist des Volkes eigen« – wurde jedoch erst 1969 zu DDR-Zeiten eingemeißelt. Da war das einst prachtvolle Schloss rund 300 m weiter südlich schon sieben Jahre gesprengt.

Der große Landschaftspark von Putbus garantiert erholsame Stunden.

Schlosspark ohne Schloss

Heute erinnert im idyllischen Schlosspark nur noch die Terrasse am Schwanenteich an das herrschaftliche Gebäude, das an der Stelle eines abgebrannten Vorgängerbaus 1872 entstanden war. Statt wie früher auf das Schloss zu schauen, blickt die Statue des Fürsten Wilhelm Malte I. nun in den schönen Landschaftspark Richtung Christus-Kirche. 1844–46 erbaut, diente das Gebäude zunächst als Kursalon, in dem getanzt, gefeiert und gespielt wurde; 1891 ließ es der damalige Schlossherr Wilhelm Malte II. zu Putbus zur Kirche umbauen.

Bei einem Parkspaziergang entdeckt man das ehemalige Affenhaus (1830), in dem heute ein Puppen- und Spielzeugmuseum untergebracht ist, die Alte Schmiede mit einer Ausstellung zum verschwundenen Schloss und das Wildgehege, in dem sich Rot- und Damwild tummeln. In der restaurierten Orangerie (1853) an der Nordseite des Parks ist nun die Tourist Information der Stadt beheimatet. In den historischen Sälen werden wechselnde Ausstellungen gezeigt.

Fürstliches Erbe

Werfen Sie einen Blick auf den schönen Putbusser Markt mit Rügens einzigem Theater, das 2020 bereits 200 Jahre alt wurde. Es ist im klassizistischen Stil gebaut, wunderschön restauriert und bietet ein ambitioniertes Programm. Im Park und im Theater finden jährlich um Pfingsten die Putbus Festspiele (www.putbusfestspiele.de) statt. Ein historisches Uhrenmuseum zeigt in der Alleestraße 13 über eintausend Exponate, neben Uhren auch Musikgeräte.

Das Theater Putbus gilt als schönstes Theater Mecklenburg-Vorpommerns.

Rügensche Bäderbahn

Zum fürstlichen Erbe gehört auch der Rasende Roland (S. 199), die denkmalgeschützte Schmalspurbahn, die heute noch Richtung Göhren zuckelt. Fürst Wilhelm Malte II. zu Putbus brachte sie einst auf den Weg. Weil immer mehr Badegäste lieber an der Ostsee statt in Putbus und im Ortsteil Lauterbach (S. 125) Urlaub machen wollten, ließ er die Bahn zunächst bis nach Binz bauen. Für den Fürsten stand damals sogar ein eigener Salonwagen zur Verfügung, damit er komfortabel an die See reisen konnte.

KLEINE PAUSE

Mit Blick auf den Rosengarten des Schlossparks speist man im **Rosencafé** (Bahnhofstr. 1, Tel. 03830188 72 90, www.rosencafe-putbus.de, Sommer tägl. 10–20, sonst 12–17 Uhr), das Kuchen, Torten, Snacks und Fischgerichte serviert.

✛ 212 C3

Kurverwaltung Putbus
✉ Alleestr. 2
18581 Putbus
⊕ www.putbus-info.de
◷ Mo–Fr 10–15 Uhr

Puppen- und Spielzeugmuseum
✉ Park 3 ☎ 03830160959
⊕ www.puppenmuseum-putbus.de
◷ tägl. 10–18 Uhr ◆ 6 €

Theater Putbus
✉ Markt 13
☎ 038301 80 80
⊕ www.theater-vorpommern.de
◷ Theaterkasse Di–Fr 10–13, 16–18 Uhr

Historisches Uhren- und Musikgeräte-Museum
✉ Alleestr. 13 ☎ 03830160988
⊕ www.ruegenmagic.de/ruegen-uhrenmuseum/ ◷ Mai–Sept. Di–So 10–12.30 u. 13–18, sonst 11–16 Uhr ◆ 5 €

㉜ Bergen auf Rügen

Was?	Sympathische Inselhauptstadt
Warum?	Marktplatz, Kirche und Rugard
Wie lange?	Halber Tag
Was noch?	Ein 5 km langer Weg führt um den Nonnensee, an dem man viele Vögel sieht
Resümee	Es muss nicht immer Strand sein

Rügens Hauptstadt sieht aus wie eine Bilderbuchstadt: klein, sauber und reich an reizvoller Bausubstanz. In dem rund 14 000 Einwohner zählenden Städtchen geht es zudem recht beschaulich zu. Zentrum ist der Marktplatz, daneben ziehen Marienkirche und Klosterhof Besucher an.

West meets East: Vespa trifft auf Schwalbe am Marktplatz von Bergen.

Die meisten Besucher hat Bergen an Regentagen. Dann kommen die Urlauber von der Küste, um ein bisschen Stadtluft zu schnuppern und um shoppen zu gehen. Wer etwas Besonderes sucht, der wird z. B. im Klosterhof ganz in der Nähe des Marktplatzes fündig. Dort können Sie Kerzenziehern, Korbflechtern und anderen Kunsthandwerkern über die Schulter schauen und deren Produkte erwerben. 1193 wurde die Klosteranlage zusammen mit der Marienkirche geweiht. Damals lebten 20 Nonnen aus dem dänischen Roskilde hier. Nach der

1877 wurde der Aussichtsturm auf dem Rugard, dem höchsten Berg der Umgebung, eingeweiht.

Reformationszeit wurde das Kloster in ein sogenanntes Jungfräuleinstift für höhere Töchter umgewandelt. Ebenfalls im Klosterhof ist das Stadtmuseum untergebracht. Eine interessante Ausstellung informiert über die historische Entwicklung Rügens bis zum 19. Jh. Wer sich für den Svantevit-Kult der Ranen interessiert, bekommt hier wichtige Hinweise zu Gräbern und Tempelburgen auf Rügen.

Ein Grabstein im Backsteingemäuer neben dem Portal der St.-Marien-Kirche stammt vermutlich aus einer slawischen Tempelburg und wurde als Zeichen des endgültigen Siegs über die Heiden in die Kirche gemauert. Andere Quellen wiederum besagen, dass hinter dem Grabstein Fürst Jaromar I., der Bauherr dieser Kirche, begraben liegen soll. Rügens älteste Kirche hat jedoch auch im Inneren Interessantes zu bieten, z. B. Malereien aus dem 13. Jh., die vor rund 100 Jahren hinter mehreren Farbschichten wiederentdeckt wurden. Interessant ist das Zifferblatt der Kirchturmuhr: Durch einen handwerklichen Fehler verfügt es über eine 61-Minuten-Teilung. Das hübsche Fachwerkhaus neben der Kirche diente einst als Pfarrwitwenhaus, in dem mittellose Ehefrauen von verstorbenen Pastoren wohnen durften.

Rechtsgeschichte am Markt

Auf dem Marktplatz hinter der schönen Hauptpost fällt ein großer Granitstein ins Auge. Gefunden wurde er 1996 bei Ausgrabungsarbeiten für den Neubau des Ratskellers. Es ist ein sogenannter Stapelstein, auf dem im Mittelalter freitags zwischen Sonnenauf- und -untergang Recht gesprochen wurde. Der 35 t schwere Stein soll an dieses Stück Rechtsgeschichte erinnern. Gegenüber steht eines der ältesten Fachwerkhäuser Rügens, das Benedix-Haus aus dem 16. Jh. Sein Name geht auf die Bäckerfamilie zurück, die das Haus zuletzt bewohnte. Heute ist im Erdgeschoss die Tourist Information untergebracht. Auf der anderen Seite des Marktplatzes steht das Rathaus der Stadt Bergen.

Aussichtsturm aus Backstein

Ab 1869 wurde der Ernst-Moritz-Arndt-Turm als Denkmal für den Dichter, Historiker und Politiker Ernst Moritz Arndt errichtet. Sieben Jahre dauerten die Bauarbeiten an dem 27 m hohen Turm, der auf dem 90 m hohen Rugard steht. Kein Wunder, wurde doch der Turm komplett aus Spenden der Bevölkerung finanziert. Selbst Kaiser Wilhelm I. soll 3000 Mark gestiftet haben. Von oben haben Sie einen fantastischen Ausblick über Rügen. Auf dem Rugard stand übrigens früher eine Tempelburg der Ranen. Heute befinden sich im Waldgebiet u. a. ein Naturlehrpfad, eine Freilichtbühne, ein Kletterwald und eine Rodelbahn.

KLEINE PAUSE
Gemütlich und gut speisen Sie im Traditionsrestaurant des Hotels **Am Rugard** (Rugardweg 10, Tel. 03838 201 90, Sommer tägl. ab 12, Winter Mi–So 17–20.30 Uhr).

✝ 212 B4/5

Tourist Information
✉ Markt 23 (Benedixhaus), 18528 Bergen ☎ 03838 315 28 38
🌐 www.stadtinfo-bergen-ruegen.de
🕐 Mo–Fr 10–16, Mitte Juni–Mitte Sept. bis 18 sowie auch Sa 10–15 Uhr

Stadtmuseum
✉ Billrothstraße 20 a
🌐 www.stadtmuseum-bergen-auf-ruegen.de
🕐 Mai–Okt. Di–Sa 10–16.30, Nov.–April Di–Fr 11–15 Uhr
💰 2 €

Schauwerkstatt im Klosterhof
✉ Billrothstr. 20 b (neben dem Stadtmuseum)
🕐 Mai–Sept. Floh- und Handwerkermärkte

St.-Marien-Kirche
✉ Kirchplatz ☎ 03838 25 35 24
🕐 April–Okt. Mo–Sa 10–16 Uhr, So nur Gottesdienst, im Winter im Gemeindebüro melden

Ernst-Moritz-Arndt-Turm
✉ Rugardweg 10
☎ 03838 81 10
🕐 April–Okt. 10–18 Uhr 💰 2 €

 Garz

Was?	Mauern einer Wallburg und das Ernst-Moritz-Arndt-Museum
Warum?	Eine Zeitreise von der Slawenzeit bis ins 18. Jh.
Wie lange?	Zwei Stunden
Was noch?	Geburtshaus Arndts im 4 km entfernten Groß Schoritz
Was nehme ich mit?	Im Hofladen des Guts Rosengarten gibt es feine Bioprodukte aus eigenem Anbau

Die älteste Stadt Rügens wurde erstmals 1316 erwähnt, ab 1350 errichtete man hier die St.-Petri-Kirche. Am südlichen Ortsrand stehen noch die Reste der im Jahr 1199 zerstörten Wallburg Charentia. Auch das Ernst-Moritz-Arndt-Museum ist einen Besuch wert.

Bereits im Jahr 1319 erhielt Garz das Stadtrecht. Einige Jahrhunderte lang galt der 2200-Einwohner-Ort als wichtiges Handelszentrum und Inselhauptstadt. Beeindruckend sind die Reste der riesigen Wallburg Charentia, die 1199 im Zuge der Christianisrung zerstört wurde. Man hatte sie im 10.–12. Jh. n. Chr. so erbaut, dass die Landseite durch riesige Wälle gesichert war, während sie zur Seite des Garzer Sees hin offen blieb. Von hier aus organisierten die Ranen-Fürsten ihr Reich. Auch Tempel soll es im Inneren gegeben haben.

Streitbarer Publizist und Kämpfer gegen Leibeigenschaft
Das Backsteingebäude in Sichtweite des Slawenwalls, das Ernst-Moritz-Arndt-Museum, beherbergt eine Ausstellung über die Geschichte des Orts und über das Leben des streitbaren Publizisten, Schriftstellers und Professors Ernst Moritz Arndt, der hier ganz in der Nähe, in Groß Schoritz (Zur Schoritzer Wiek 68, nur von außen zu besichtigen) geboren wurde und auf Rügen seine Kindheit verbrachte. Dabei erlebte er auch hautnah das Elend der leibeigenen Bauern. Dies gab den Ausschlag für seinen lebenslangen Kampf gegen diese Form der Unterdrückung. Arndt setzte sich für ein vereinigtes Deutsches Reich ein, nach der Revolution 1848 wurde er Abgeordneter der Deutschen Nationalversamm-

lung, fiel aber durch antisemitische Äußerungen auf. Neben seiner politischen Arbeit verfasste Arndt auch Gedichte und Geschichten über Rügen. Er starb mit 91 Jahren in Bonn.

Malerisch thront die spätgotische <u>Backsteinkirche St. Petri</u> aus dem 14. Jh. auf einem Hügel an der Straße Richtung Zudar. Im Inneren gibt es einen reich verzierten Taufstein aus dem 13. Jh., Taufengel und Kanzel stammen aus dem 18. Jh. Den Altaraufsatz schuf 1724 der Stralsunder Bildhauer Elias Keßler.

Das Geburtshaus Ernst Moritz Arndts in Groß Schoritz

KLEINE PAUSE
Gutbürgerliche Küche mit Fisch- und Fleischgerichten, aber auch leckere, frische Salate aus der Region für Vegetarier gibt's im Hotel-Restaurant **Am Wiesengrund** (Im Wiesengrund 23, www.ruegen-hotel-am-wiesengrund.de). Bei schönem Wetter ist die Terrasse gleich neben dem Gastraum geöffnet.

✢ 212 A2

Ernst-Moritz-Arndt-Museum
✉ An den Anlagen 1 ☎ 038304 122 12
⊕ www.stadt-garz-ruegen.de/ema-museum.html ◐ Mai–Okt. Di–Sa 10–16, Nov.–April Mo–Fr 11–15 Uhr ✦ 2 €

St.-Petri-Kirche
✉ Wendorfer Str. 16 ☎ 038304 257
◐ Mai–Okt. tägl. 10–18 Uhr, im Winter Schlüssel beim Pfarramt (Wendorfer Str. 17) holen

㉞ Gingst

Was?	Kunsthandwerkszentrum im Westen der Insel
Warum?	Schon im Mittelalter eine Wirkungsstätte vieler Handwerker
Wann?	Im Sommer samstags zum Grünen Markt im Hof der Handwerkerstuben
Wie lange?	Zwei Stunden
Was nehme ich mit?	Ein fantasievolles Stück aus der Töpferei von Roswitha Burgmann-Seewald (Am Markt 4)

Einst galt der Ort als Zentrum des Handels und des Handwerks. Historische Handwerkerstuben, eine Buchbinderei mit Druckwerkstatt und eine Töpferwerkstatt setzen diese Tradition noch heute fort.

Machtvoll ragt die Dorfkirche St. Jacobi über dem hübsch restaurierten Gingst auf. Aus dem 14. Jh. stammen eigentlich nur noch die Backsteinmauern, denn diverse Brände und Einsturzschäden haben dem Gotteshaus im Laufe der Jahrhunderte ordentlich zugesetzt. Im Sommer finden hier jeden Dienstagabend Konzerte statt. Wenn Sie die Kirche anschauen wollen und sie geschlossen ist, klingeln Sie an der Tür des Gemeindehauses nebenan. Innen beeindrucken die große Orgel von 1790, aber auch die kunstvolle Kanzel von 1743 und der 33 Jahre jüngere Hauptaltar. Achten Sie auch auf die beiden Sonnenuhren links neben dem Seiteneingang. Die kleine stammt noch aus dem Mittelalter.

Am westlichen Ortsausgang tobt das Leben im Rügen Park, ein Vergnügen vor allem für Familien. Interessant ist die Sammlung originalgetreuer Miniaturen berühmter Bauwerke.

Zeitreise in alte Handwerkszeiten

Harte Zeiten waren das noch vor 100 Jahren. Wer Zahnweh hatte, dem drohte die gruselige Dentistenwerkstatt. Riesige Zangen und Haken halfen, den faulen Zahn zu ziehen, gegen den Schmerz gab's einen guten Schluck Alkohol. Eindrücklich zeigen die Historischen Handwerkerstuben in der

Schusterstube (links) in den Historischen Handwerkerstuben in Gingst

Gingster Museumsscheune den Alltag aus dieser Zeit: Handwerksgeräte, Spielzeug, Kochtöpfe, Kleider und Möbel erlauben eine kleine Zeitreise.

Im Hof hinter der Scheune finden im Sommer verschiedene Veranstaltungen – Konzerte, Feste und auch ein Biomarkt – statt. Produkte aus der Region gibt es zudem im Kunsthandwerksladen in der Museumsscheune.

KLEINE PAUSE
Ein gemütliches Café finden Sie in der **Museumsscheune** (Karl-Marx-Str. 19 a, www.museumscafe-gingst.de, Ostern bis Okt. tägl. außer Mi 12–17 Uhr). Außerdem im Angebot: regionale Produkte und antiquarische Bücher.

✣ 211 D5

St.-Jacobi-Kirche
✉ Am Markt
☎ 038305 328
🕒 März–Okt. Mo–Sa 8.30–18 Uhr, So ab 10.30 Uhr (Eingang durch das Südportal)

Rügen Park
✉ Mühlenstr. 22 b
☎ 038305 550 55

🌐 www.ruegenpark.de
🕒 April–Mitte Juli Di–So 10–18, Mitte Juli–Anfang Sept. tägl. 10–18, Sept./Okt. Di–So 10–17 Uhr
💰 9,90 €

Historische Handwerkerstuben
✉ Karl-Marx-Str. 19/20
☎ 038305 304 🌐 www.historische-handwerkerstuben-gingst.de
🕒 Mai–Okt. Di, Do, Fr, Sa 10.30–17.00 Uhr, im Winter auf Anfrage 💰 3 €

㉟ Ummanz

Was?	Idyllisches Landleben statt Strandtrubel
Warum?	Lange Spaziergänge im Revier der Zugvögel
Wann?	Im Herbst während der Kranichtage
Wie lange?	Zum Runterkommen mindestens einen Tag
Was nehme ich mit?	Keramik mit Kranichen, Klatschmohn und Sanddorn von Ummanz-Keramik und Stutenmilch vom Haflingerhof

Schon seit über 100 Jahren sorgt eine Brücke für die Zusammenführung zwischen Rügen und einer ihrer Schwesterninseln. Ummanz hat sich einen ganz eigenen Charme bewahrt: Weite Felder, winzige Ortschaften und viel Ruhe und Einsamkeit prägen das Eiland.

Wenn man über die 250 m lange Brücke auf die Insel fährt, fällt als Erstes die St.-Marien-Kirche ins Auge. 1440 erbaut, steht das Backsteingebäude wie ein Torhaus am Rand des kleinen Dorfs Waase. Ringsum ducken sich urige Backsteingebäude mit dem Gemeindezentrum und der Tourist Information. Highlight im Innern der Kirche ist der gotische Schnitzaltar, 1520 in Antwerpen angefertigt, der eigentlich für die Nikolaikirche in Stralsund (S. 166) vorgesehen war. Dort wollte man ihn aber um 1700 nicht mehr haben und verschenkte ihn kurzerhand nach Ummanz. Beachten Sie auch die Wandmalereien aus der Zeit um 1470.

Insel der Kraniche
Nur gut 600 Einwohner hat Ummanz, hinzu kommen noch die rund zehn Pferde in den Ställen der bekannten Haflingerzucht Ummanz (S. 135) und jede Menge Kraniche während der Vogelzugzeit im Frühjahr und Herbst. Zigtausende der legendären Glücksvögel lassen sich dann auf den Feldern nieder, um sich für den Weiterflug zu stärken. Das Gebiet des Nationalparks Vorpommersche Boddenlandschaft ist in Europa einer der wichtigsten Rastplätze für die Vögel! Einen prima Ausguck hat die Nationalparkverwaltung bei Tankow im Nordosten von Ummanz geschaffen.

Fischerkaten am Surferparadies

Die Kraniche fühlen sich auf Ummanz vor allem aufgrund der Einsamkeit so wohl – ebenso wie die Menschen. Hotels und Pensionen finden Sie nicht ohne Weiteres. Das malerische Freesenort ist eine Ansammlung vier denkmalgeschützter Fischer- und Bauernkaten, von denen das Hasenburg genannte Gebäude eines der ältesten Wohnhäuser Rügens sein soll.

Freunde von Natur und Einsamkeit lieben Ummanz, aber auch Sonnenanbeter kommen auf ihre Kosten. Ummanz besitzt nämlich in Suhrendorf am Westufer einen der wenigen Sandstrände der Boddenküste. Windsurfer haben im flachen Gewässer beste Voraussetzungen (S. 135).

Der Zug der Kraniche auf Ummanz ist ein wunderbares Schauspiel.

KLEINE PAUSE

Eine Brise vom Meer umweht die Hängematten, daneben stehen Liegestühle: Die Ummaii Tiki Bar im **Surfhostel in Ummanz** (Ortsteil Haide, Suhrendorf 8, Tel. 038305 550 18, www.ummaii.de) lädt zum Chillen und Verschnaufen ein.

✝ 206 C1

Ummanz-Information
✉ Neue Str. 63 a, 18569 Waase
☎ 038305 534 81 ⊕ www.ruegen insel-ummanz.de ◐ Nov./Dez. 11–15, April–Juni 10–15, Juli–Okt. 10–17 Uhr

St.-Marien-Kirche
✉ Hinter der Tourist Info in Waase
☎ 038306 752 31 ◐ April-Mitte Mai, Okt. Di–Fr 11–14.30, Mitte Mai–Ende Sept. 11–16 Uhr

Ummanz-Keramik
✉ Neue Str. 63 b, Waase (Laden)
✉ Pappelweg 1, Wusse (Werkstatt)
☎ 038305 81 11 ⊕ https://ruegeninsel-ummanz.de/netzwerkpartner/ummanz-keramik/
◐ Laden: Mo–Sa 10–17 Uhr,
◐ Werkstatt: Mo–Fr 9–15.30 Uhr

36 Ralswiek

Was?	Wildes Piraten-Spektakel mit historischem Hintergrund
Warum?	Viel Trubel zu Festspiel-Zeiten, viel Ruhe davor und danach
Wann?	Störtebeker-Fans ein paar Stunden vor der Vorstellung; alle anderen vormittags oder in der spielfreien Zeit
Was nehme ich mit?	Die Legenden um den Robin Hood der Meere bietet unerschöpflichen Stoff für die Festspiele

Das Schloss von Ralswiek wurde Ende des 19. Jhs. im Stil der französischen Loire-Schlösser erbaut.

Bekannt ist das Dorf am Großen Jasmunder Bodden wegen der im Sommer stattfindenden Störtebeker-Festspiele. Die rund 250 Einwohner von Ralswiek empfangen jährlich mehr als 300 000 Störtebeker-Gäste. Auch das prachtvolle Schloss Ralswiek auf dem Hügel samt Schlosspark und die markante rote Holzkapelle machen das kleine Ralswiek zu einem besonderen Ort.

Der Weg nach Ralswiek ist voller Überraschungen. Eben noch fuhr man an weiten, flachen Feldern vorbei, da wird es plötzlich hügelig und die Straße verläuft durch dichten Wald. Und da ist es schon: Ralswiek – eine der ältesten Siedlungen Rügens.

Breitwand-Theater

Eine laue Sommernacht, die letzten Sonnenstrahlen tauchen den Jasmunder Bodden in rötliches Licht. Reiter jagen über die Naturbühne Ralswiek, liefern sich Gefechte mit Worten und Taten – doch auch die Liebe kommt nicht zu kurz. Die Störtebeker-Festspiele bieten nicht nur eine spektakuläre Show, sondern entlassen ihre Besucher erfüllt von der jährlich wechselnden Darbietung und dem bunten Feuerwerk, das den nächtlichen Himmel über der See noch einmal erglühen lässt. *www.stoertebeker.de*

Nicht nur für Störtebeker-Fans

War Ralswiek früher einer der wichtigsten Häfen auf Rügen, ist der heute idyllische Yachthafen bei Seglern beliebt. Gleich busweise kommen dagegen die Besucher der Störtebeker-Festspiele (s. 123). Immerhin bieten die Sitzbänke vor der Freilichtbühne rund 8000 Plätze – kaum einer bleibt frei.

Kein Interesse an dem beeindruckenden Schauspiel mit über 150 Mitwirkenden, einer Schiffsschlacht auf dem Bodden und abschließendem Feuerwerk? Dann besuchen Sie Ralswiek am besten vormittags oder im Winter. Dann liegt der hübsche Ort recht verschlafen da und ein Spaziergang hinauf zum Schloss führt Sie durch die Stille einer großen Idylle. Rund um das 1894 im Neorenaissancestil erbaute Schloss liegt nämlich ein hübscher Waldpark mit seltenen Gewächsen. Zunächst residierte hier der Bauherr Graf Douglas. Seit 2002 ist im restaurierten Schloss ein Hotel untergebracht. Von der Terrasse bietet sich ein wunderschöner Blick über den Bodden und abends kann man zumindest hören, was auf der Naturbühne passiert.

Bevor Sie Ralswiek verlassen, sollten Sie es nicht versäumen, noch einen Blick in die kleine Holzkapelle am Ortsrand zu werfen. Sie stammt ursprünglich aus Schweden und wurde 1907 im Auftrag von Graf Douglas gebaut. Durch die Schwarzen Berge führt ein Wanderweg von Ralswiek nach Lietzow (S. 52). An der Strecke liegen slawische Hügelgräber.

KLEINE PAUSE
Im Restaurant **Zum Störti** (Am Bodden 100, Tel. 03838 31 10 18, https://zum-stoerti.de, Fr. u. Sa. 16–21 Uhr) geht es vor und nach den Festspielaufführungen hoch her. Auf den Tisch kommt solide, bürgerliche Küche mit Suppen und Salaten, Fisch, Fleisch und »Tortenträumen« – auch für die Kids (bzw. »Miniparaten«) hat man etwas im Angebot.

---

 207 F1

Störtebeker-Festspiele
Am Bodden 100, 18528 Ralswiek
☎ 03838 311 00 ⊕ www.stoertebeker.de ❶ Mitte Juni–Anfang Sept. Mo–Sa 20 Uhr; ab 14 €; die Adlershow kann nur in Verbindung mit der 20-Uhr-Vorstellung gebucht werden 8 €

Schwedenkapelle
☎ 038309 13 63
❶ Mai–Sept. So (14-tägig) 19 Uhr Gottesdienst

Nach Lust und Laune!

37 Zirkow

Der denkmalgeschützte Dorfkern mit reetgedeckten Bauernhäuschen, der mittelalterlichen Kirche und dem Museumshof ist quasi ein Mini-Freilichtmuseum. Der Museumshof wiederum umfasst ein komplett erhaltenes Gehöft von 1720 mit Wohnhaus, Stallungen, Scheune und Schuppen.

Während der Erdbeerernte von Mai bis August herrscht Hochsaison in Karls Erlebnis-Dorf bei Zirkow. Die Früchte des Familienbetriebs werden in alle Himmelsrichtungen verschickt. Die Erdbeeren sind für viele die besten überhaupt. Für Kinder ist der Freizeitpark paradiesisch, aber auch Erwachsene ohne Nachwuchs kommen in Scharen zum Shoppen und Speisen. Der sonntägliche Brunch ist beliebt.

✣ 212 C4

Museumshof Zirkow
✉ Binzer Str. 43 a ☎ 038393 328 24
🕐 Mai–Sept. Mi/Do 10–14, Fr 10–13 Uhr 🎫 2 €

Karls Erlebnis-Dorf
✉ Binzer Str. 32
☎ 038202 40 50
🌐 www.karls.de
🕐 tägl. 9–18 Uhr

38 Lauterbach

Der kleine Ort gehört zu Putbus (S. 110). Zu fürstlichen Zeiten war Lauterbach ein gut besuchtes Bad. Gäste der Putbusser Fürstenfamilie verlustierten sich etwa im eleganten Badehaus Goor (S. 131) von 1817, das östlich des Orts liegt, und unternahmen Schiffsausflüge zur nahen Insel Vilm (S. 126).

Die Lauterbacher selbst lebten lange überwiegend vom Fischfang. Erst in den letzten Jahrzehnten kam

Vom Erdbeerhof zum Freizeithof: Karls Erlebnis-Dorf in Zirkow

das Gastgewerbe hinzu. Eine neue Marina mit schwimmenden Ferienhäusern (S. 131), Ausflugsdampfer im Hafen und das Räucherschiff »Berta« zeugen vom steten Besucherstrom während der Hochsaison.

Lauterbach ist im Sommer durch den Rasenden Roland (S. 199) mit Putbus verbunden. Einen schönen Badestrand bietet das benachbarte Neuendorf. Noch ein Dorf weiter, in Wreechen, zeigt Künstler Bernhard Misgajski seine Werke in dem Kunstort »Alte Wassermühle«.

✢ 212 C3

Kunstort »Alte Wassermühle«
✉ Kastanienallee 2, Wreechen
☎ 038393 615 16
🌐 www.kunstort.net

39 Vilm

Jeden Morgen gehen die Angestellten des Bundesamtes für Naturschutz an Bord des Fährboots im Lauterbacher Hafen. Sie sind auf dem Weg zur Arbeit auf der Insel Vilm und die Einzigen, die die Insel überhaupt regelmäßig betreten dürfen. Der Naturschutz hat auf dem Eiland oberste Priorität. Zu DDR-Zeiten pflegte der ehemalige Staatsratsvorsitzende Erich Honecker auf der Insel Urlaub zu machen, der Zutritt war strengstens untersagt. Heute darf Vilm von Frühling bis Herbst im Rahmen von täglichen Führungen (S. 135) besucht werden.

✢ 212 C2/3

40 Schloss Karnitz

Ein Jagdschloss im Tudorstil ist das Herzstück des Orts Karnitz, 6 km nördlich von Garz. Bauherr war 1834/35 Graf Guido von Usedom. Das Schloss gilt als kleine Schwester des Jagdschlosses Granitz; beide Schlösser wurden beinahe zur gleichen Zeit errichtet. Im ehemaligen Schlosspark wird heute Golf gespielt (S. 21, www.golfcentrum-schloss-karnitz.de). Von Karnitz aus lassen sich schöne Spaziergänge unternehmen, etwa auf dem 7 km langen Rundweg um den Kniepower See.

✢ 212 A3

41 Zudar

Die südliche Halbinsel mit ihrem beschaulichen Angerdorf wurde be-

Naturbelassener Wald auf der unter Naturschutz stehenden Insel Vilm

reits 1166 erstmals urkundlich erwähnt – an ihrer schmalsten Stelle ist sie nur 900 m breit. Zahlreiche Hügel- und Hünengräber können hier bewundert werden, einen herrlichen Ausblick bis hinüber nach Greifswald und nach Swinemünde haben Sie vom Aussichtsturm am Schoritzer Wiek. Auf Zudar befinden sich mehrere naturbelassene Strände. Überlaufen ist es hier nie, diese Region zählt zu den ruhigsten auf ganz Rügen. In Glewitz legen die Autofähren der Weißen Flotte aus Stahlbrode kommend an (S. 198).

✛ 212 A1

42 Altefähr

Ein wunderbarer Blick auf Stralsund bietet sich vom Pier aus, an dem zahlreiche Ausflugsdampfer und von Mai bis September auch eine Personenfähre anlegen.

Wie ein riesiger Adler über seinem Nest thront die aus dem 15. Jh. stammende Kirche St. Nikolai auf dem Hügel vor dem Hafen. Als Erstes fällt an dem Backsteinbau die merkwürdig an den Turmrand geschobene Uhr auf. Sie wurde 1912 mitsamt dem neuen Turm montiert. Der Vorgänger war 1803 während des Besuchs des schwedischen Königs Gustav IV. infolge eines Sturms zusammengebrochen.

Bekannt ist Altefähr auch durch das Sundschwimmen Anfang Juli: Seit 1928 schwimmen alljährlich Hunderte Teilnehmer durch den Strelasund zwischen Stralsund und Altefähr.

✛ 210 B3

St.-Nikolai-Kirche
☎ 038306 752 31
🕘 »Offene Kirche« in den Sommermonaten bis September: Die Kirchentüren werden am Vormittag geöffnet und am späten Nachmittag geschlossen.

43 Rambin

Rambin, eines der ältesten Dörfer Rügens, wurde erstmals 1246 erwähnt. Trotz des (immer noch) starken Durchgangsverkehrs auf der B 96 von Stralsund nach Sassnitz

Der Sportboothafen von Altefähr liegt am Strelasund, gegenüber von Stralsund.

NACH LUST UND LAUNE!

2015 floss das erste Craft Beer in der Insel-Brauerei in Rambin.

hat sich Rambin seinen dörflichen Charme bewahrt. Machen Sie einen kurzen Stopp und schauen Sie sich die Klosteranlage am nördlichen Ortsausgang an. In der Kapelle und dem verwunschenen Klosterpark finden im Sommer manchmal Ausstellungen statt. Die Gebäude haben eine lange Geschichte: 1334–1773 diente die Kapelle als Spital, danach als Wohnstätte.

Die Kirche St. Johannes im Dorfkern stammt aus dem 14. Jh. Ungewöhnlich sind die gewölbeartige Holzdecke und die üppig verzierte Rokokokanzel.

Mit regionalen Spezialitäten eindecken können Sie sich täglich auf dem Rügener Bauernmarkt in der Alten Pommernkate (S. 134). Gleich nebenan hat sich die Insel-Brauerei angesiedelt (S. 134).

4 km westlich in Bessin befindet sich in idyllischer Lage eine hübsche achteckige Backsteinkapelle von 1482 – sie ist jederzeit zugänglich.

☩ 210 C3

St.-Johannes-Kirche
☎ 038306 752 31 🕐 Schlüssel beim Küster holen, Adresse siehe Schaukasten

44 Schaprode

Schaprode ist mehr als nur ein Fährhafen für die Insel Hiddensee. Eine Umgehungsstraße führt zu den außerhalb des Orts gelegenen Parkplätzen für die Inselbesucher. So hat sich der Dorfkern seine Ruhe und seinen Charme bewahrt. Fachwerk-Fischerhäuser und die Pfarrkirche St. Johannes auf einer kleinen Anhöhe geben ein hübsches Ensemble ab. Die Kirche ist wahrscheinlich die drittälteste Rügens und entstand zu Beginn des 13. Jhs. Auffällig ist die spätgotische Triumphkreuzgruppe auf dem Lettnerbalken (1500). Ein Sühnestein, die Mordwange Schaprode, aus dem Jahr 1368 erinnert an die Ermordung des Reinhard von Platen, Mitglied eines bekannten Adelsgeschlechts auf Rügen.

In den Ortsteilen Streu, Poggenhof, Granskevitz und Udars befinden sich schöne Herrenhäuser.

2018 gelangte Schaprode bundesweit in die Schlagzeilen, als ein Team von Bodendenkmalpflegern im Frühjahr einen spektakulären

Silberschatz entdeckte. Es handelt sich um Schmuckstücke und ca. 600 Münzen aus der Zeit des Dänen-Königs Harald Blauzahn (10. Jh.). Der sogenannte Blauzahn-Schatz soll nach dessen Fertigstellung im Landesmuseum Rostock gezeigt werden.

✢ 206 C2
St.-Johannes-Kirche
☎ 03830913 63 ⏺ Mai–Okt. tägl. 8–19.30 Uhr, im Winter nach Vereinbarung

45 Lebbin

Diese Landzunge hat eine der schönsten Landschaften auf Rügen zu bieten: keine Sandstrände, stattdessen eine hügelige Idylle und wunderbare Ausblicke auf die Bodengewässer. Auf dem Hoch Hilgor, einem 43 m hohen Hügel hinter dem Dörfchen Neuenkirchen, steht der Grümbke-Turm. Die nagelneue Stahlkonstruktion ersetzt den niedrigeren hölzernen Vorgängerbau. Er ist benannt nach Johann Jakob Grümbke (1771–1849), einem Schriftsteller, der mit Ernst Moritz Arndt befreundet war. Seine Reiseerzählung »Streifzüge durch das Insellland« inspirierte auch andere Künstler, sich mit der Insel zu befassen. Der Turm bietet einen weiten Rundblick über die Ostsee, die Schaabe, die Halbinsel Wittow und den Jasmunder Bodden.

Hier und in der Umgebung finden sich sanierte Gutshäuser, die heute als Privathotels genutzt werden: etwa Gut Lebbin (www.gut-

Der Schaproder Strom trennt den westlichsten Ort Rügens von der Insel Öhe.

NACH LUST UND LAUNE!

Im Frühjahr riecht es nicht nur im Schlosspark in Putbus kräftig nach Bärlauch.

lebbin.de) und Gut Tribbevitz (www.gut-tribbevitz.de).

✞ 208 A3

46 Liddower Haken

Ähnlich idyllisch wie Lebbin, ist auch der Liddower Haken eine Oase für Menschen auf der Suche nach unverfälschter Natur, nach Ruhe und Gelassenheit. Am Gutshaus Liddow, einem Adelsgut aus dem 16./17. Jh., führt eine Brücke hinüber auf die Landzunge nach Lebbin. Das Gut diente schon mehrfach als Kulisse für Fernsehfilme und -serien.

✞ 208 A3

47 Woorker Berge

Schon von Weitem fallen die 14 baumbewachsenen, jeweils 6 m hohen und 30 m durchmessenden Hügelgräber nahe der Landstraße zwischen Patzig und Woorke ins Auge – wie riesige Maulwurfhügel ragen sie aus der Landschaft. Der Name der bronzezeitlichen Anlage leitet sich vom slawischen Wort für Hügelchen, Woorke, ab.

Ganz in der Nähe der Woorker Berge liegt das prächtige Gut Kartzitz aus dem 18. Jh. Es ist die einzige erhaltene Barockanlage Rügens.

✞ 208 A1

Gut Kartzitz
✉ Am Park 6, Kartzitz ☎ 03838 31 33 13 🌐 www.gut-kartzitz.de

Wohin zum … Übernachten?

Preise für ein Doppelzimmer pro Nacht (in der Hauptsaison deutlich höher):
€ unter 60 €
€€ 60–130 €
€€€ über 130 €

BERGEN UND UMGEBUNG

Boldevitzer Rügenkaten €€
20 Ferienwohnungen mit Vier-Sterne-Ausstattung und ein Ferienhaus befinden sich in dem denkmalgeschützten Ensemble aus vier liebevoll restaurierten Bauernkaten und einem Herrenhaus aus dem 17. Jh. Ein Kamin- oder Kachelofen gehört zu jedem Apartment. Großer Park mit Teich, Tennisplätzen und Reithalle für sportliche Naturen – angeschlossen ist ein Reiterhof.
✣ 211 E5 ✉ Boldevitz 16, 18528 Parchtitz ☎ 03838 31 39 76 ⊕ www.ruegenkaten.de

PUTBUS UND SÜDRÜGEN

Hotel Badehaus Goor €€–€€€
Das Badehaus des Fürsten Wilhelm Malte zu Putbus wurde restauriert und um einen modernen Anbau ergänzt, hinter dem sich ein Vier-Sterne-Wellnesshotel mit geschmackvoll eingerichteten Zimmern verbirgt. Es liegt umgeben von alten Bäumen direkt am Greifswalder Bodden – mit Blick zur Insel Vilm. Zum Spa gehören ein Pool, ein Trauzimmer und mehrere Saunen.
✣ 212 C3 ✉ Fürst-Malte-Allee 1, 18581 Lauterbach ☎ 03801 882 60 ⊕ www.hotel-badehaus-goor.de

Gutshaus Krimvitz €–€€
Der einstige Wintersitz der Fürstenfamilie zu Putbus wurde nach der Sanierung in eine Frühstückspension mit hellen, großzügigen Zimmern und Ferienwohnungen verwandelt. Das einsam gelegene Herrenhaus ist ideal für Ausflüge ins Putbusser Hinterland. Hier befindet sich auch eine Außenstelle des Standesamtes Putbus.
✣ 212 A2 ✉ Krimvitz 4, 18581 Krimvitz ☎ 038301 64 12 64 ⊕ www.krimvitz.de

im-jaich Marina Lauterbach und Wasserferienwelt Rügen €€–€€€
Die schwimmenden Ferienhäuser liegen direkt am Bodden, sind komfortabel eingerichtet und erlauben den Sprung ins Wasser von der eigenen Terrasse aus. Gleiches gilt für die Pfahlhaus-Suiten, die maledivischen

Bootsliegeplatz inklusive: die schwimmenden Ferienhäuser von Lauterbach

WOHIN ZUM …

Wasservillen nachempfunden sind. An Land befinden sich weitere Apartments. Im Winter gehen die Gäste hier auch gern Schlittschuhlaufen.
✝ 212 C3
✉ Am Yachthafen 1, 18581 Lauterbach
☎ 038301 80 90 ⊕ www.im-jaich.de

Wreecher Hof €€–€€€
Komfortabel ausgestattete Zimmer und Suiten in diversen Größen finden Sie im Putbusser Ortsteil Wreechen. Dort hat sich ein kleines Hoteldorf mit sieben reetgedeckten Häusern erfolgreich etabliert. Zur Anlage gehören ein Schwimmbad, Saunabereich und eine Wellnessabteilung. Das Hotelrestaurant ist für seine gute Küche bekannt.
✝ 212 B3
✉ Kastanienallee 1, 18581 Putbus-Wreechen
☎ 038301 850 ⊕ www.wreecher-hof.de

NORDWESTRÜGEN

Haide-Hof €€
Abgelegene kleine Pension im Nordwesten von Ummanz. Alle Zimmer haben Dusche und WC, zwei Apartments auch eine Miniküche. Das beste Surfrevier Rügens ist nur einen Steinwurf entfernt. Fahrräder werden verliehen. Zum Frühstück gibt es Honig aus der haueseigenen Imkerei. Tipp: Hier wird auch betreutes Heilfasten angeboten.
✝ 206 C1 ✉ Haide 15, 18569 Ummanz
☎ 038305 553 60
⊕ www.haide-hof.m-vp.de

Unterwasserwelt von Jules Vernes: Restaurant Nautilus in Neukamp

Wohin zum ...
Essen und Trinken?

Preise für ein Hauptgericht (ohne Getränke):
€   unter 10 €
€€   10–20 €
€€€   über 20 €

BERGEN UND UMGEBUNG

Gastwirtschaft am Markt | bibo ergo sum €–€€
Burger und Steaks, viele Salate und fleischlose Gerichte – das Bibo serviert in freundlichem Ambiente Mahlzeiten für jeden Geschmack (mittags gibt es preisgünstige Tagesgerichte).
✝ 212 B4
✉ Markt 14, 18528 Bergen auf Rügen
☎ 03838 25 22 59 ⊕ www.biboergosum.de
🕐 Di–Fr 11–23.30, Sa/So+Fei erst ab 12 Uhr

Kaufmannshof €€
Die Einrichtung eines alten Kaufmannsladens macht das Restaurant zu einem echten Hingucker, die Schubladenschränke an den Wänden tragen zur urigen Atmosphäre bei. Die moderne Küche verarbeitet regionale Zutaten. Das Restaurant gehört zum Romantik-Hotel Kaufmannshof. Die alteingesessene Familie Hermerschmidt betreibt beides. Zudem lockt ein schöner Biergarten!
✝ 212 B4
✉ Bahnhofstr. 6–8, 18528 Bergen auf Rügen
☎ 03838 804 50 ⊕ www.kaufmannshof.de
🕐 tägl. 12–14 und 18–22 Uhr

PUTBUS UND UMGEBUNG

Jägerhütte €€
Leckere Wildspezialitäten werden auf den Tisch des forsthausähnlichen Hauses gebracht. Familie Thiele serviert zwischen Geweihen und ausgestopften Raubvögeln. Nach dem Essen können Sie entspannt im Landschaftspark von Putbus spazierengehen und den Wildpark besuchen.
✝ 212 C3 ✉ Alleestr. 33, 18581 Putbus
☎ 038301 510 ⊕ www.jaegerhuette-putbus.de 🕐 tägl. 11.30–14.30 und ab 17.30 Uhr

Nautilus €€
Originelles Erlebnisrestaurant mit maritimer Note. Frei nach Jules Verne sieht es hier aus wie in einem fantastischen U-Boot, das die Welt 20 000 Meilen unter dem Meer erkundet. Außerdem gibt es ein großes Meerwasseraquarium mit Korallen und exotischen Fischen. Sie sollten aber nicht nur die Einrichtung bewundern, finden Sie doch auf Ihrem Teller verschiedenste leckere Speisen aus Kapitän Nemos Kombüse vor: Die regionale Küche mit Einsprengseln aus den Töpfen der Welt bietet immer neue Überraschungen.

212 B2 ✉ Neukamp 17, 18581 Putbus
☎ 038301 830
⊕ www.ruegen-nautilus.de
❶ Mo–Fr ab 17, Sa/So ab 12 Uhr

Radlerrast Altkamp €
Auf dem umgebauten, sehr ruhig gelegenen Bauernhof kann man nicht nur romantisch-urig im Heu übernachten, sondern auch ganz einfach als fahrender oder wandernder Gast auf ein Bier, Kaffee oder Würstchen mit Kartoffelsalat einkehren und sich Kraft für die nächste Etappe holen – oder einfach dableiben!

212 B2 ✉ Altkamp 1, 18581 Putbus
☎ 038301 88 99 12
❶ April–Okt. tägl. 11–21 Uhr

SÜDRÜGEN

Lindenkrug €–€€
Äußerlich wirkt das lang gestreckte Gebäude nicht besonders einladend. Doch die Küche versöhnt mit der langweiligen Architektur. Rügens Spezialitäten werden in dem familiär geführten Gasthaus großgeschrieben. Herzhafte Fischgerichte, aber auch Wild aus den Wäldern der Umgebung kommen frisch auf den Tisch. Die Einrichtung ist ländlich-rustikal. Ein Sommergarten lädt zum Speisen unter freiem Himmel ein. Gut für eine Rast auf dem Weg durch den Süden Rügens.

211 D2
✉ Lindenstr. 27–28, 18574 Poseritz
☎ 038307 251
⊕ www.lindenkrug-poseritz.de
❶ tägl. ab 11 Uhr

Reich verzierte historische Haustür in Gingst

NORDWESTRÜGEN

Alte Schule €–€€
Die alte Dorfschule von Gagern beherbergt heute ein gemütliches Kaminrestaurant. Am schönsten ist es hier, wenn draußen der Sturm um die Häuser pfeift und drinnen ein Feuer prasselt. Vor allem Radwanderer und Besucher des nahe gelegenen Schlossparks Pansevitz (S. 108) wissen die Gastfreundschaft des Familienbetriebs zu schätzen. Gute, regional orientierte Küche mit frischen Zutaten.

207 E1 ✉ Schulstr. 1, 18569 Gagern
☎ 038305 366 ❶ tägl. 12–22 Uhr

Fähreck €
Einheimische wie Zugereiste schwören auf das selbst gemachte Eis, das es auch auf die Hand zum Mitnehmen gibt. Die gutbürgerliche Küche kann sich ebenfalls sehen lassen.

207 D2 ✉ Dorfstr. 25, 18569 Trent
☎ 038309 13 51 ❶ Di–So 11–22 Uhr

Schillings Gasthof €€–€€€
In dem Familienbetrieb direkt im Hafen von Schaprode wird regional und saisonal gekocht: Fisch direkt vom Kutter, Fleisch von Rindern und Schnucken, die auf der Insel Öhe weiden. Behagliche Wohnzimmer-Atmosphäre rundet das stimmige Bild ab. Im angeschlossenen Hofladen gibt es leckere Regionalwaren.

206 C2
✉ Hafenweg 45, 18569 Schaprode
☎ 038309 12 16 ⊕ www.schillings-gasthof.de
❶ tägl. 12–22 Uhr

WOHIN ZUM ...

Obstedelbrände entstehen in Lieschow.

Wohin zum ... Einkaufen?

BERGEN UND UMGEBUNG

Erste Adresse für Kunsthandwerkliches in Bergen ist die Schauwerkstatt des Klosterhofs, etwa von Fischkopp Keramik (Billrothstr. 20 c, www.fischkopp-keramik.de). Gleich um die Ecke von hier hat die Rugard-Apotheke (Markt 26, www.rugard-apotheke.de) u. a. Stutenmilchkosmetik von Pferden aus der Haflingerzucht Ummanz (S. 135) im Angebot. Genähtes Papierdesign, u. a. Grafiken und Karten, verkauft Nahtwerk (www.nahtwerk.de, ab Sommer 2022 auch in einem neuen Laden direkt an der Marienkirche).

PUTBUS UND SÜDRÜGEN

Der Laden Ein Tag am Meer (Alleestr. 7, Putbus, Tel. 038301 88 83 09, Mo–Fr 10–16 Uhr) hat Kunst und Alltagsgegenstände aus Treibholz und anderen Fundstücken von den Stränden der Insel im Angebot.
Antiquarische Postkarten und alte Bücher finden Sie zwei Häuser weiter im Antiquariat Kay Plümecke in Putbus (Alleestr. 9, Putbus, Tel. 03830189 83 23, Di–Fr 11–17 Uhr).
Individuellen Schmuck können Sie bei Silke Tolk-Ninnemann (Silmenitz 2, Tel. 038304 556, www.email-kunst-ruegen.de, nach tel. Vereinbarung) in Garz erwerben. Sie kombiniert verschiedenste Materialien zu immer neuen Ketten.
In Rambin hat die Insel-Brauerei ihren Sitz. Biersommelier Frank Lucas, ein Purist der Branche, braut hier nach drei Prinzipien: Verwendung von Naturdoldenhopfen, offene Gärung und Verzicht auf Filtration. Die zwölf mehrfach preisgekrönten Sorten können verkostet werden (Hauptstr. 2 c, Rambin, Tel. 038306 23 87 00, www.insel-brauerei.de, tägl. 10–18 Uhr, 6 €).
Im angrenzenden Bauernmarkt der Alten Bauernkate (Hauptstr. 2 a, Rambin, Tel. 038306 626 30, www.altepommernkate.de, tägl. 7–18, Fischräucherei nur bis 17 Uhr) bekommen Sie alles, was für Rügen typisch ist: Sanddornprodukte, Kunsthandwerk, Räucherfisch.
Die Molkerei Rügener Inselfrische stellt naturbelassene Milchprodukte her und verkauft diese im Hofladen und im Café (Poseritzer Hof 15, www.ruegener-inselfrische.de).

GINGST UND UMMANZ

Sanddornmarmeladen gibt es in Klein Kubitz bei Silke Stephan (Dorfstr. 21 a, Tel. 038305 551 80, www.sanddornhexe-inselruegen.de, nach tel. Vereinbarung). Ihre Liköre und Marmeladen gibt es auch im Laden der Museumsscheune Gingst (S. 119).
Gartenfiguren und Fayencen, Gebrauchsgeschirr und Keramik: Roswitha Burgmann-Seewald stellt an der Drehscheibe kreative Töpferwaren her, die sie in ihrem Töpferladen in Gingst verkauft. Ihr Mann Lothar Seewald bietet ein feines Sortiment von Biowaren an (Am Markt 4, Gingst, Tel. 038305 600 86, www.toepferei-regional waren.de, Mo–Fr 10–18, Sa 10–14 Uhr).
Gleich nebenan setzt Der Buchladen u. a. auf Literatur über die Insel Rügen und auf Kinder- und Jugendbücher. Es gibt auch Papierkunst, Spielwaren und Weltmusik (Am Markt 6, Gingst, Tel. 038305 53 59 16, www.der-buchladen-ruegen.de, Mo–Fr 10–18, Sa 10–12 Uhr, Jan. geschl.).
Bekannt für kreatives Design ist Ummanz Keramik in Waase. Töpfermeisterin Susan Schmorell fertigt auch nach individuellen Wünschen (S. 121).

In der Ersten Rügener Edeldestillerie (Lieschow 18, Tel. 038305 553 00, www.1ste-edeldestillerie.de, Di–Sa 11–16 Uhr) in Lieschow bei Ummanz erhalten Sie Obstbrände und Liköre.

Wohin zum ... Ausgehen?

THEATER

In Putbus zieht das historische Theater (Markt 13, 18581 Putbus, Tel. 038301 80 83 30, www.theater-vorpommern.de,) Gäste von der ganzen Insel und aus Stralsund an. Im historischen Theatersaal aus dem 19. Jh. erleben Sie ganzjährig Aufführungen aus Schauspiel, Ballett, Musiktheater und Konzert.

AUSFLUGSTIPPS

Events mit ländlichem Charakter veranstaltet Bauer Lange (Hof Nr. 37, Tel. 038305 551 50, www.bauerlange.de) in Lieschow bei Ummanz. Legendär sind die alljährlich stattfindenden Dumperrennen im Juli und Oktober mit den gleichnamigen Landfahrzeugen. Ein Hofladen und ein Café sorgen für das leibliche Wohl.
20- bis 90-minütige Inselrundflüge können Sie vom Flugplatz in Güttin (Tel. 038306 12 89, www.ostseeflugruegen.de, tägl. ab 10 Uhr) aus unternehmen.
Zu Touren auf die Insel Vilm (S. 126) starten Ausflugsdampfer im Lauterbacher Hafen (Reederei Lenz, Tel. 038301 618 96, www.vilmexkursion.de). Eine Exkursion auf die Insel mit fachkundiger Führung findet von März bis Oktober ein- bis zweimal täglich für maximal 30 Personen statt.

REITEN

Die Haflingerzucht Ummanz (Neue Str. 30 a, Tel. 0151 20 88 44 22, https://haflingerzucht-ruegen.de) in Waase mit zehn Pferden bietet Geländeritte, Kutsch- und Kremserfahrten und Voltigieren an. Letzteres auch für Menschen mit Behinderung.

Wanderreiten auf Rügen (Viehweg. 2, 18528 Zirmoisel, Tel. 0160 90 31 12 54, www.wanderreiten-auf-ruegen.de) hat neben Kremser- und Kutschfahrten diverse Touren für Reiter im Programm, vom Schnupperreiten über Ausritte für Fortgeschrittene bis zum Ausritt mit Picknick.

SPORT & SPIEL

Im Sport- und Freizeitzentrum Soibelmanns Hotel (Bergener Str. 1, 18573 Samtens, Tel. 038306 22 20) können Sie Tennis, Badminton oder Squash spielen. Zudem gibt es sechs Kegel- und Bowlingbahnen und eine 260 m² große Kletterfläche, angeboten werden darüber hinaus Spinning und Pilates. Für Wellness sorgen drei Saunen und ein großer Fitnessbereich. Auch ein Restaurant gibt es.
Windsurfen lernen können Sie in Suhrendorf (Kite- und Surf-Schule Rügen, Ostseecamp, Tel. 038305 822 40, www.ummaii.de) am Strand der Insel Ummanz. Dort befindet sich das größte stehtiefe Surfrevier Deutschlands – ideal für Anfänger! Aber auch Fortgeschrittene werden von erfahrenen Surflehrern u. a. in die Kunst des Kitesurfens eingeweiht.
In Altefähr kommen Kletterfans auf Ihre Kosten (Klingenberg 25, www.waldseilpark-ruegen.de).

Die klassizistische Hauptfront des Theaters Putbus zeigt zum Schlosspark.

Blaues Meer, feiner Sand, weite Dünenlandschaft: der 5 km lange Strand von Vitte

Hiddensee

Ein Geheimtipp ist »dat sötte Länneken«, das süße Ländchen, längst nicht mehr, eine schöne kleine Flucht aber nach wie vor.

Seiten 136–157

Erste Orientierung

17 km lang und selten breiter als 3 km – das ist eine der schönsten Inseln Deutschlands. Weit und breit gibt es kaum abwechslungsreichere Landschaft auf so kleinem Raum. Von der Steilküste des Hochlands im Norden bis zu den flachen Salzwiesen im Süden fasziniert dieses autofreie Kleinod.

Wenn Sie von Bord der Fähre steigen, werden Ihnen als Erstes die Bollerwagen zum Gepäcktransport und die eine oder andere Kutsche auffallen – sie warten auf Tagesbesucher oder holen Hotelgäste auf Bestellung vom Hafen ab. Autos sind selten auf Hiddensee. Nur die Feuerwehr hat eines, die Polizei und eine Handvoll Betriebe. Und dann gibt es auch noch einen Bus, der regelmäßig zwischen den drei Dörfern Kloster, Vitte und Neuendorf verkehrt.

Wegen seiner faszinierenden Landschaft mit der Hochebene Dornbusch im Norden, den Stränden auf der Westseite und der Dünenheide im Zentrum hat Hiddensee von jeher Künstler und Naturliebhaber angezogen. Als bekanntester Sommerfrischler kam der Dramatiker Gerhart Hauptmann in den 1920er-Jahren auf die Insel.

Da Hiddensee Teil des Nationalparks Vorpommersche Boddenlandschaft ist, gibt es strenge Auflagen, was Bebauung und Nutzung der Landschaft betrifft. Manche Gegenden, z. B. die Landspitzen Bessin im Norden und der Gellen im Süden, sind sogar ganz gesperrt, um Flora und Fauna ungestört zu lassen. Zelten und Feuermachen ist überall auf der Insel streng verboten und Hunde müssen stets an der Leine laufen.

TOP 10
❻ ★★ Dornbusch

Nicht verpassen!
㊽ Kloster
㊾ Neuendorf

Nach Lust und Laune!
50 Vitte
51 Dünenheide
52 Süder-Leuchtturm

Mein Tag
aktiv in der Natur

Hiddensee ist nahezu autofrei – umso entspannter ist man zu Fuß und mit dem Fahrrad unterwegs. Am Strand unter dem Hochufer stehen die Chancen gut, einen Bernstein zu finden, den Sie gleich danach schleifen lassen können.

9 Uhr: Hafenkaffee und Radtour gen Süden

Nach der Ankunft mit der Fähre in ㊽ Kloster (S. 146) könnte man leicht hängenbleiben bei den bunten Fischerhäuschen. Zumindest für einen Kaffee im Fährhafen ist noch Zeit, bevor Sie sich hier ein Fahrrad für den Tag mieten. Die Strecke Richtung ㊱ Dünenheide ist idyllisch: Links erstrecken sich Marschen und Pferdeweiden, rechts brechen sich die Wellen am Sandstrand.

10 Uhr: Rangertour durch die Dünenheide

»Wir laufen jetzt durch die letzten Reste der Küstendünenheide in Ostdeutschland«, sagt der Parkwächter in breitem Mecklenburger Dialekt – Auftakt zu einer zweistündigen geführten Wanderung. Der Ranger spürt für seine Gäste Tüpfelfarn, Leinkraut und Engelsüß auf. Zwischendurch stößt die Gruppe auf weidende Schafe ...

12 Uhr: Snack im Reusenschuppen

Auf der Weiterfahrt erreichen Sie bald ㊾ Neuendorf (S. 150). Im liebevoll restaurierten historischen Reusenschuppen »Groot Partie« stärken Sie sich mit einer selbst gemachten Suppe. Genießen Sie sie auf der Wiese vor dem Haus.

- 20 Uhr: Sonnenuntergang gewinnt
- 18 Uhr: Über den Klippen speisen
- 17 Uhr: Aufstieg auf den Dornbusch
- 15 Uhr: Bernsteinsuche am Hochufer
- 9 Uhr: Hafenkaffee und Radtour gen Süden
- 10 Uhr: Rangertour durch die Dünenheide
- 12 Uhr: Snack im Reusenschuppen
- 13 Uhr: Badestopp auf dem Gellen

MEIN TAG

10 Uhr

13 Uhr

15 Uhr

Wer sich einer Rangertour anschließt, behält den Überblick (oben links). Zwischen Schwemmgut versteckt sich der ein oder andere Bernstein (unten links).

13 Uhr: Badestopp auf dem Gellen

Es sind nur wenige Kilometer bis zum 52 Süder-Leuchtturm (S. 153), einem der romantischsten Plätze auf der Insel: Der Wind pfeift in den Kiefern, die das rotweiße Leuchtfeuer beschatten. Am weiten Strand sind immer ein paar Muschelsammler unterwegs, viele »Birder« halten nach Vögeln Ausschau – hier ist ein Hotspot der Artenvielfalt. Und am Strand wird es nie zu voll, um noch einen einsamen Abschnitt für ein Bad finden.

15 Uhr: Bernsteinsuche am Hochufer

Von der Ostsee erfrischt, fällt die Rückfahrt nach Kloster nicht schwer. Hier erhebt sich die Steilküste, an der die Brandung stetig Sedimente abträgt – und dabei Bernstein freispült. Insbesondere nach einem der Herbststürme kann man fündig werden. Falls Sie Erfolg haben, können Sie Ihr Fundstück in der Bernstein-Werkstatt Engels in Kloster schleifen lassen. Und falls nicht, finden Sie bei Henry Engels ein passendes Schmuckstück vom Profisucher.

17 Uhr: Aufstieg auf den Dornbusch

Am späten Nachmittag pilgern viele Besucher hinauf zum ❻ ★★ Dornbusch (S. 144), einer romantischen Hügellandschaft mit weitem Blick über den Bodden.

17 Uhr

Per Fahrrad oder Kutsche geht es über Vitte (Abb. oben) zurück nach Kloster. Landschaft am Dornbusch (rechts).

🕕 18 Uhr: Über den Klippen speisen

In 70 m Höhe thront die Gaststätte Klausner (S. 145), der Lutz Seiler in seinem preisgekrönten Roman »Kruso« ein Denkmal setzte. Unter schattigen Bäumen genießt man hier selbst geräucherten Fisch.

🕗 20 Uhr: Sonnenuntergang gewinnt!

Am Abend haben Sie die Qual der Wahl: Chanson-Abend oder Orgelkonzert? Eine Lesung im Gerhart-Hauptmann-Haus? Film oder Figurentheater? Vor allem in der Vor- und Nachsaison ist das Kulturprogramm reichhaltig. Doch Eingeweihte wissen: Wenn sich ein besonders schöner Sonnenuntergang ankündigt, bleiben Zeltkino, Theater und Kabarett leer. Denn dann ruft die Natur, mit einer Decke, Picknick und Wein – das ist Erholung à la Hiddensee.

ℹ️

Reusenschuppen »Groot Partie«
✞ 206 B2 ✉ Königsbarg 10, 18565 Neuendorf
☎ 038300 60 35 70
🕐 Ostern–Okt. tägl. 11–16, sonst Mi–Fr 12–16 Uhr, Jan. geschl.

Bernstein-Werkstatt Hiddensee/ Henry Engels
✞ 206 B3 ✉ Mühlberg 17, 18565 Kloster
☎ 038300 604 94
🕐 Mo–Sa 10–17 Uhr

MEIN TAG

❻ ★★ Dornbusch

Was?	Die wildeste Region auf Hiddensee
Warum?	Wanderung zum Wahrzeichen mit weiten Ausblicken
Wann?	Das Licht ist nachmittags am schönsten, aber der Leuchtturm schließt schon um 16 Uhr
Wie lange?	Mindestens zwei Stunden
Was noch?	Das Dörfchen Grieben am Fuß des Dornbuschs
Resümee	Inselblick wie auf einem Gemälde des Künstlerinnenbunds

Ein wunderschönes Hochland mit Wald, Wiesen und Steilküsten erstreckt sich nördlich von Kloster bis an den Nordrand von Hiddensee. Hier steht das Wahrzeichen der Insel, der 1888 erbaute Leuchtturm.

Blick vom Hügelland Dornbusch über die Boddenlandschaft

Wege durch den Dornbusch gibt es etliche. Der Hauptweg führt von Kloster aus steil bergan, vorbei an grasenden Kutschpferden. Links und rechts des Weges wuchern Dornenbüsche, was den Namen dieses Inselgebirges erklärt. Vor allem Sanddorn wächst hier, aber auch Vogelbeere und gelb blühender Ginster. Für die rund 500 m bis zum ersten Aussichtspunkt brauchen Sie schon ein bisschen Kondition. Dort lädt ein Plateau mit Holzplastiken zum Verschnaufen ein. Der Blick gen Süden über die Insel ist großartig! Keine 10 m weiter geht der Hauptweg rechts um die Kurve. Er führt zur Steilküste und zum Gasthaus Zum Klausner. Wenn Sie zunächst den Leuchtturm besichtigen wollen, nehmen Sie an der Kurve den Weg geradeaus. Hinter der nächsten Hügelkuppe ist der Wald plötzlich zu Ende und der Leuchtturm liegt direkt vor Ihnen: umgeben von weitem, kargem Hochland, dessen Gras eine Herde Schafe kurz hält.

Fantastisches Hochland, so weit das Auge reicht

Vom Schlusswiek, einem 72 m hohen Hügel, sendet das Leuchtfeuer Dornbusch, so der offizielle Name, seine Lichtzeichen bis zu 45 km weit und hilft den Schiffen auf der Ostsee bei der Orientierung. Auch Wanderern gilt der Leuchtturm, der 28 m weit in den Himmel ragt, als Ziel und Wegmarkierung.

Haben Sie sich entschieden, die 102 Stufen bis zur Aussichtsplattform hinaufzusteigen? Die letzte Etappe ist allerdings ein bisschen strapaziös, denn oben wird es richtig steil. Und ziehen Sie den Kopf ein: Die Tür zur Plattform ist nur 1,65 m hoch! Doch dann wartet auch schon die Belohnung: eine wunderbare Aussicht bis nach Stralsund und über die Insel Rügen.

Landschaftsschützer: weidende Schafe

Entspannte Ruhe im ältesten Dorf

Wie Perlen reihen sich die wenigen Häuschen entlang der Dorfstraße des ältesten Dorfs auf Hiddensee aneinander. Grieben wurde 1279 erstmals schriftlich erwähnt. Während die drei anderen Inseldörfer im Sommer etwas betriebsamer werden, sorgen hier höchstens Wanderer und Radler für ein bisschen Trubel. Zwei Reetdachhäuser stammen noch aus dem 18. Jh.

KLEINE PAUSE
Das **Gasthaus Zum Klausner** (Tel. 038300 66 10, www.klausner-hiddensee.de, tägl. ab 11 Uhr) hat im Dornbusch ein Monopol, denn es ist das einzige. Auf der Terrasse hören Sie unten das Meer rauschen. Steht Ihnen der Sinn nach Kuchen oder Dorsch?

✣ 206 B3/4

Leuchtturm Dornbusch
☎ 038300 504 56

⏱ Mai–Okt. 11–16 Uhr, Außenplattform nur bis Windstärke 6 geöffnet, Zutritt ab 6 J. ✦ 3 €

Kloster

Was?	Hier schlägt das Herz der Insel
Warum?	Gerhart-Hauptmann-Haus, Inselkirche und Heimatmuseum
Wie lange?	Drei bis vier Stunden
Was noch?	Sommerkonzerte & Lesungen im Gerhart-Hauptmann-Haus
Was nehme ich mit?	Fisch aus dem »Hiddenseer Kutterfisch«-Konservenladen: ein echt nachhaltiges Souvenir

Das Dorf im Norden der Insel gilt mit der Kirche und seinen Museen als kulturelles Zentrum Hiddensees. Schon immer fühlten sich Künstler hier sehr inspiriert.

Idyllisch schmiegt sich das Dorf an die dicht bewachsenen Hügel des Dornbuschs. Bäume überragen die skandinavisch anmutenden Häuser, während hin und wieder die Pferdehufe der Kutschen klappern. Wenn dann auch noch die Kirchenglocke schlägt, könnte man glatt meinen, dies sei ein Dorf in den Bergen. Das Meer hält sich hier nämlich gut versteckt: auf der Westseite hinter den Dünen und Steilklippen des Dornbuschs, im Osten hinter den Weiden der Boddenlandschaft. Kloster ist wegen seiner geschützten Lage so ziemlich der einzige Ort auf Hiddensee, in dem Sie auch bei kräftigen Windstärken die Hauptstraße noch gerade entlanggehen können!

»Hiddenseer Rosenhimmel«: Der Berliner Maler Nikolaus Niemeier verzierte 1922 die Decke der Inselkirche.

Dort kommen Sie in jedem Fall an Hiddensees einziger Kirche mit dem Grab des bedeutenden Dramatikers Gerhart Hauptmann vorbei, der 1912 den Literatur-Nobelpreis erhielt. Das Gotteshaus mit rosenverzierter Decke steht tagsüber offen, es stammt aus dem 15. Jh. und ist das letzte Zeugnis des Klosters, das dem Dorf den Namen gab. Vom 13. bis 16. Jh.

war der Zisterzienserorden hier mit zwölf Mönchen vertreten. Die Reformation machte dem Kloster ein Ende, der Bau verfiel und wurde im Dreißigjährigen Krieg zerstört.

Künstlertreff und Dramatikerheimat
Viele Künstler und Kulturschaffende hat es einst nach Kloster gezogen. Neben Gerhart Hauptmann besaßen die Stummfilmdiva Asta Nielsen (S. 152) und Gret Palucca, die Tanzpädagogin aus Dresden (ihr Haus in Vitte wurde 2009 abgerissen), Häuser auf Hiddensee und trafen sich in Kloster u. a. in der 1904 erbauten Jugendstilvilla Lietzenburg des Holzhändlers und Malers Oskar Kruse.

Das Gerhart-Hauptmann-Haus ist heute ein interessantes Museum mit der Originaleinrichtung des Autors. Weinkeller, Bibliothek, Terrasse und Park vermitteln eine Ahnung davon, dass Hauptmann auf Hiddensee zu leben und zu genießen wusste. Eine Ausstellung im Haus informiert über Hauptmanns Wirken, seine Theaterstücke und Bücher. 2014 wurde eine Dauerausstellung zur Literaturlandschaft Hiddensee eröffnet. Sie ist den Büchern und Schriftstellern gewidmet, die mit der Insel verbunden sind.

Am westlichen Ortsausgang hält Hiddensees Heimatmuseum die Stellung in der alten Seenotstation. Dort können Sie sich u. a. über die Zeichen an den Eingängen alter Hiddenseer Häuser, die sogenannten Hausmarken (S. 17),

Gerhart Hauptmann verbrachte zahlreiche Sommer im Haus »Seedorn«, das seit 1956 ein Museum ist und sich wie zu Lebzeiten des Dichters präsentiert.

informieren. Interessant ist auch die Replik des Hiddenseer Goldschmucks aus dem 10. Jh., der 1872 entdeckt wurde. Die Originale sind in Stralsund ausgestellt. Im Untergeschoss ist eine schöne Bernsteinkollektion zu sehen.

KLEINE PAUSE

Einst wurden in **Schillings Hafenamt** (Hafenweg 11, Tel. 038309 12 16, www.schillings-hafenamt.de, tägl. 11.30–18 Uhr) Formulare gestempelt, heute kann man in dem reetgedeckten Gebäude Leckeres aus der Region verspeisen: Hiddenseer Fisch und Burger vom Fleisch der Öhe-Rinder, aber auch Kuchen. Vieles gibt's auch zum Mitnehmen.

In der ehemaligen Seenotrettungsstation ist das Heimatmuseum Hiddensee untergebracht.

 ✝ 206 B3

Tourist Information
✉ Achtern Diek 18 a, 18565 Vitte
☎ 038300 60 86 85
🕑 Mo–Fr 10–12 Uhr

Inselkirche
☎ 038300 328 ✉ Kirchweg 42
🌐 www.kirche-hiddensee.de
🕑 tägl. 8 Uhr bis Einbruch der Dämmerung

Lietzenburg
✉ Zum Hochland 13
🌐 https://lietzenburg.de
🕑 Veranstaltungen auf Anfrage bei der Tourist Information

Gerhart-Hauptmann-Haus
✉ Kirchweg 13
☎ 038300 397
🌐 www.hauptmannhaus.de
🕑 Mai–Okt. Mo–Sa 10–17, So 13–17 Uhr, im Winter auf Anfrage 💰 6 €

Heimatmuseum
✉ Kirchweg 1
☎ 038300 363
🌐 www.heimatmuseum-hiddensee.de
🕑 Jan.–April Do–Sa 11–15, Mai–Okt. tägl. 10–16, Nov.–Dez Do–Sa 11–15 Uhr
💰 5 €

Magischer Moment

Insel in Bewegung

Frösche geben ein Konzert, der Wind raschelt in blumenbedeckten Wiesen auf einem Spaziergang zur Spitze des Alt-Bessin. Auf diesem Landzipfel, der wie ein Haken in die Ostsee ragt, erleben Sie die Entstehung neuer Inselwelten am eindrücklichsten. Unaufhörlich schwemmen hier Wind und Gezeiten neues Land an, viele Vogelarten brüten auf den frischen Sandflächen. Um sie nicht zu stören, ist nicht einmal Radfahren erlaubt. Halten Sie Ausschau nach dem Säbelschnäbler mit seinem markanten schwarzweißen Gefieder, nach Austernfischern und Sandregenpfeifern!
Infos zu Touren unter: www.nationalpark-vorpommersche-boddenlandschaft.de

㊾ Neuendorf

Was?	Ein verwunschener Fischerort inmitten von Wiesen
Warum?	Zwei Fischermuseen und der abgelegene Süder-Leuchtturm
Wann?	Am besten Montag oder Freitag zu einer Führung im Museum
Wie lange?	Drei bis vier Stunden
Was noch?	Prominente Urlauber und Inselbewohner sind das Thema der kurzweiligen Führungen von Ute Fritsch
Resümee	Ein Ort voller Fischereigeschichte

Sandwege statt Straßen und jede Menge Platz zwischen den Reetdachhäusern machen Neuendorf zu einem ganz besonderen Ort. Ein eigener Hafen hält die Verbindung mit dem Festland aufrecht.

Alle Häuser sind in Neuendorf in geraden Reihen mit Ausrichtung nach Süden gebaut. Zwischen den einzelnen Reihen gibt es keine Straßen, stattdessen Wiesen von der Breite eines Fußballfelds. Weder Zäune noch Gärten grenzen die weiß getünchten Häuser voneinander ab. So dürfte Neuendorf eines der kleinsten Dörfer auf größtmöglicher Fläche in Deutschland sein. Rund 300 Insulaner wohnen hier, im Sommer sind es ungefähr noch mal so viele Urlauber, die Neuendorfs Abgeschiedenheit schätzen.

Kleine und große Fischercompagnie

Im »Café Norderende«, direkt am Wander- und Fahrradweg von Vitte in Richtung Kloster gelegen, gibt es leckere Dorschbuletten (https://norderende.info).

Mehr über das rund 300 Jahre alte, inzwischen unter Denkmalschutz stehende Dorf erzählen die betagten Fischer, die ehrenamtlich das kleine Fischereimuseum »Lütt Partie« in einem ehemaligen Reusenschuppen betreuen. 2016 eröffnete ein weiterer Ausstellungsort, ebenfalls in einem ehemaligen Reusenschuppen, genannt »Groot Partie«.

Ganz besonders stolz sind *de Süder*, wie die Bewohner genannt werden, auf ihren Strand. Der ist nämlich breiter als der in Kloster oder Vitte. Spaziergänge zum rund 2 km weiter südlich gelegenen Süder-Leuchtturm am Gellen (S. 153) oder durch die angrenzende Dünenheide (S. 152) im Norden bescheren allen Naturliebhabern unvergleichliche Erlebnisse.

Eine Hand voll Häuser

Am ältesten sind die Häuser in Plogshagen ganz im Süden. Diese winzige Ortschaft besteht aus wenigen Häusern und wurde schon 1236 gegründet, zur selben Zeit also wie das Zisterzienserkloster im Norden Hiddensees.

Hinter Plogshagens Häusern fällt eine Art Deich auf. Dieser Damm wurde gebaut, nachdem eine Sturmflut vor 130 Jahren die Insel hier in zwei Hälften geteilt hatte. Das ist

Neuendorfs Reusenschuppen beherbergt ein Fischereimuseum.

auch der Grund, weshalb etliche Häuser auf kleinen Sandhügeln stehen. So manches Hochwasser hat nämlich den Bewohnern schon nasse Füße im Wohnzimmer beschert: Hier liegt Hiddensee nur knapp über dem Meeresspiegel.

KLEINE PAUSE
Gute regionale und überregionale Küche mit wohlmundenden mediterranen Einflüssen wird in der Gaststätte der Pension **Stranddistel** serviert (Plogshagen 15, Tel. 038300 393, www.stranddistel-hiddensee.de).

✝ 206 B2

Fischereimuseum »Lütt Partie«
✉ Pluderbarg 7 ☎ 38300 642 37
❶ Anfragen für Führungen:
marketing@seebad-hiddensee.de
➦ frei, Spenden willkommen

Reusenschuppen »Groot Partie«
✉ Königsbarg 10 ☎ 038300 60 35 70

❶ Ausstellung: Ostern–Okt. tägl. 11–16, sonst Mi–Fr 12–16 Uhr, Jan. geschl.

Lesungen & Literarische Führungen mit Ute Fritsch
🌐 www.kuenstlerinsel-hiddensee.de
❶ im Sommer, Termine erfragen (Tel. 0170 412 52 77 oder Mail: info@kuenstlerinsel-hiddensee.de

Nach Lust und Laune!

50 Vitte

Das verwaltungstechnische Zentrum Hiddensees ist gleichzeitig auch das betriebsamste und größte Dorf der Insel. Hier steht auch der einzige größere Supermarkt. Sogar ein kleines Theater hat Vitte: die Seebühne (S. 157). Während der Sommersaison verkehrt etwa zehnmal täglich das Fährschiff zwischen Vitte und Schaprode und bringt neue Waren und Urlauber.

Berühmt ist die Blaue Scheune (Norderende 175), ein auffällig blau gestrichenes Bauernhaus aus dem 18. Jh., das privat genutzt wird.

Rundes Asta-Nielsen-Haus von Max Taut

Auch das runde Haus der Stummfilmdiva Asta Nielsen am nördlichen Dorfrand zieht viele Bewunderer an. Es wurde Anfang der 1920er-Jahre vom Bauhaus-Architekten Max Taut entworfen, dem ein Teil der Ausstellung im Haus gewidmet ist. Zu sehen sind auch Originalbriefe der Künstlerin, die man erst kürzlich auf einem Dachboden entdeckt hat. Ebenfalls nach Plänen von Max Taut wurde das Haus Weidermann nebenan erbaut.

Ein weiteres Wahrzeichen ist die in Privatbesitz befindliche Windmühle. Lesungen, Konzerte, Diavorträge und auch Kabarett finden während des ganzen Jahres im Henni-Lehmann-Haus statt. Dort befindet sich auch die interessante Inselbibliothek. Benannt ist das Haus nach der gleichnamigen Malerin, Schriftstellerin und Gründerin des Hiddenseer Künstlerinnenbunds (1867–1937).

Am südlichen Ortsausgang informiert das Nationalparkhaus über die geschützte Natur – hier starten auch naturkundliche Wanderungen der Parkranger.

✢ 206 D3

Tourist Information
✉ Achtern Diek 18 a, 18565 Vitte
☎ 038300 60 86 85
⊕ www.seebad-hiddensee.de
⊙ Mo-Fr 10–12 Uhr

Henni-Lehmann-Haus
✉ Wiesenweg 2 ☎ 038300 607 60
⊙ Veranstaltungen tel. erfragen

Asta-Nielsen-Haus
✉ Seglerhafen 7 ⊕ www.asta-nielsen-haus.de ♦ 2,50 €

Nationalparkhaus
✉ Norderende 2
☎ 038300 680 41

---

51 Dünenheide

Zwischen Vitte und Neuendorf erstreckt sich dieses wunderschöne,

Der flache Gellen im Süden der Insel ist eine unter Naturschutz stehende Landzunge.

250 ha große Naturschutzgebiet. Es eignet sich ideal für Wanderungen (S. 140) und Tierbeobachtungen. Hier können Sie beispielsweise verschiedene Dünenarten kennenlernen: Grau- und Gelbdünen etwa sind bewachsen mit Silbergras, Heide und Sträuchern. Ein Naturlehrpfad erklärt, wie sich das Biotop aus Dünen, Tieren und Pflanzen im Gleichgewicht hält. Kreuzottern gibt es hier etliche, weshalb Sie unbedingt festes Schuhwerk tragen sollten. Die seltenen Tiere stehen unter Naturschutz.

✢ 206 B2/3

52 Süder-Leuchtturm

Am Südende der Insel blinkt ein zweites Leuchtfeuer, der 10 m hohe Süder-Leuchtturm von 1905. Seit 1306 schon wird an dieser Stelle den Schiffen auf dem Weg von und nach Stralsund der Weg gewiesen. In früheren Zeiten stellten Mönche des Zisterzienserklosters hier in der Nähe eine sogenannte Luchte auf, die mit Holz und Teer befeuert wurde. Ein knapp 2 km langer Spaziergang führt von Neuendorf her; beachten Sie auch die schönen Salzwiesen unterwegs, die regelmäßig vom Meerwasser befeuchtet werden. Vor allem Badegäste zieht es zum breiten schönen Strand am Süder-Leuchtturm.

1 km südlich des Leuchtturms beginnt das Vogelschutzgebiet Gellen. Kraniche, Wildgänse, Enten- und Watvögel brüten hier, außerdem vom Aussterben bedrohte Vogelarten wie die Zwergseeschwalbe. Im gesamten Gellen gilt: Betreten verboten!

✢ 206 B2

Wohin zum ... Übernachten?

Preise für ein Doppelzimmer pro Nacht (in der Hauptsaison deutlich höher):
€   unter 60 Euro
€€   60–130 Euro
€€€   über 130 Euro

KLOSTER UND GRIEBEN

Appartement-Haus Dornbusch €€
Schwimmbad, Fitnessbereich und Sauna gehören zum Angebot des Hauses mit seiner prächtigen, denkmalgeschützten Fassade, auf der Terrasse laden Strandkörbe zum Verweilen ein. Hier logieren Sie in geräumigen und komfortablen Apartments, das empfehlenswerte Restaurant serviert neben Fleisch und Fisch auch Pastagerichte.
✞ 206 B3 ✉ Weißer Weg 2–3, 18565 Kloster
☎ 038300 604 00 ⊕ www.hiddensee-haus-dornbusch.de

Historisches Fachwerkhaus: Hotel Hitthim

Enddorn €–€€
Idyllischer geht es kaum. In diesem Hotel direkt am Bodden finden Sie selbst im Hochsommer Abgeschiedenheit und Ruhe. Das Hochland des Dornbuschs liegt direkt vor der Tür, ebenso die Weite des Naturschutzgebiets Bessin. Die 22 Doppel-, Einzel- und Mehrbettzimmer sind zweckmäßig eingerichtet, manche haben eine kleine Terrasse. Im Winter nur Ein-Zimmer-Apartments. Restaurant »Bilderkneipe« im Haus.
✞ 206 B3 ✉ Dorfstr. 6, 18565 Grieben
☎ 038300 460 ⊕ www.enddorn.de

Hitthim €–€€
Am Hafen liegt diese schöne Fachwerkvilla, 1907 auf dem Grundstück eines alten Klosters erbaut. Einige der 25 stilvoll eingerichteten Zimmer und zehn Ferienwohnungen haben einen Balkon. Am schönsten sind die Zimmer mit dem Blick über den Hafen. Im Hotelrestaurant wird feine regionale Kost, u. a. mit frischem Ostseefisch, serviert. Zum Weststrand benötigen Sie nur zehn Minuten zu Fuß.
✞ 206 B3 ✉ Hafenweg 8, 18565 Kloster
☎ 038300 66 60
⊕ www.hitthim.de

VITTE

Godewind €€
Gleich mehrere Häuser mit insgesamt 15 stilvoll ausgestatteten Ferienwohnungen mit Kamin und 31 Hotelzimmern gehören zur Anlage mitten in Vitte. Tagsüber können Sie sich in der Wiese sonnen, abends die Ruhe auf der Terrasse genießen. Ein gemütliches Restaurant im Hauptgebäude mit Biergarten bietet regionale Gerichte. Zum Strand und zum Fährhafen sind es zu Fuß nur ein paar Minuten.
✞ 206 B3 ✉ Süderende 53, 18565 Vitte
☎ 038300 66 00
⊕ www.hotelgodewind.de

NEUENDORF

Windflüchter €–€€
Direkt am Neuendorfer Ostseestrand gelegen. Hier finden Sie alles, was einen idealen Inselurlaub ausmacht: Wellenrauschen im Ohr, Salzgeruch in der Nase und viel Ruhe, um auszuspannen. Die Apartments unterm Reetdach sind zweckmäßig eingerichtet, in einer kleinen Küchenzeile können sie sich selbst versorgen.
✞ 203 B2 ✉ Pluderbarg 1, 18565 Neuendorf
☎ 038300 364 ⊕ https://appartementhaus-windfluechter.m-vp.de

Wohin zum … Essen und Trinken?

Preise für ein Hauptgericht (ohne Getränke):
€ unter 10 Euro
€€ 10–20 Euro
€€€ über 20 Euro

KLOSTER

Weinrestaurant Hedins Oe €€
Eines der besseren Lokale der Insel mit gehobener Küche und ausgesuchten Weinen. Fisch wird hier auf landestypische Art zubereitet. Die Weinberatung ist gut, aber es gibt natürlich auch Bier. Das Lokal ist zusätzlich Café und Kunstgalerie mit monatlich wechselnden Ausstellungen.
✜ 206 B3 ✉ Mühlberg 43, 18565 Kloster
☎ 038300 273
❶ Sommer tägl. 12–20 Uhr

VITTE

Annemarie's Fischkist €
Für alle, die auf die Schnelle gut und günstig essen möchten, ist dieser Imbiss die richtige Adresse. Fischbrötchen, Rührei, Räucheraal und Aalsuppe können Sie draußen an kleinen Tischchen im Stehen essen oder mit an den Strand nehmen.
✜ 206 B3 ✉ Süderende 61, 18565 Vitte
☎ 038300 265 ❶ Sommer tägl. ab 14, in der Nebensaison ab 15 Uhr

Fischbistro €
Das Bistro liegt unmittelbar am Hafen, der Fisch wird fangfrisch direkt vom Kutter serviert. Der geräucherte Fisch stammt aus eigenem Rauch, die Fischbrötchen sind lecker. Im Sommer werden auch Cocktails angeboten.
✜ 203 B3 ✉ Achtern Diek 20, 18565 Vitte
☎ 038300 607 47
❶ April–Okt. tägl. ab 10 Uhr

Heiderose €€–€€€
Mitten in der Dünenheide gelegen, ist das Restaurant mit dem schönen Biergarten ein idealer Ausflugsgasthof. Hier kann man unter Obstbäumen Grillspezialitäten genießen. Brot aus dem eigenen Steinbackofen und selbst geräucherter Fisch schmecken nach einer Radtour nochmal so gut.
✜ 203 B3 ✉ In den Dünen 127, 18565 Vitte ☎ 038300 630

Fähr- und Ausflugsverkehr sowie Fischerei: Der Hafen Vitte ist der wichtigste der Insel.

🌐 www.hiddensee-heiderose.de
🕐 April–Okt. tägl. 12–21 Uhr

Hiddenseeklause €
Gemütliches kleines Café-Restaurant mit Bistromobiliar und feinen Fischgerichten. Hier kehren viele Tagesausflügler kurz vor der Abfahrt der Fähre ein, um bei Milchkaffee oder frisch gezapftem Pils schnell noch ein paar Ansichtspostkarten zu schreiben. Nach den Vorstellungen in der Seebühne (S. 157) schauen auch die Theaterbesucher und Schauspieler vorbei.
✠ 203 B3 ✉ Wallweg 2–4, 18565 Vitte
☎ 038300 504 00 🕐 Mai–Okt. tägl. ab 11, Nov.–April tägl. 11.30–16 Uhr

NEUENDORF

Gasthaus & Café Rosi €
Im Gasthaus Rosi kocht der Chef noch selbst. Seine Spezialität sind Fleischgerichte vom Lavasteingrill. Auf der Karte stehen aber auch Gerichte mit Matjes. Als Dessert ist der Hiddenseer Sturmsack zu empfehlen, eine Art Windbeutel.
✠ 203 B2 ✉ Pappelallee 11, 18565 Neuendorf
☎ 038300 501 68 🌐 www.cafe-rosi.de
🕐 Mitte März–Okt. Di–Sa ab 12 Uhr

Sand so weit das Auge reicht

Wohin zum ... Einkaufen?

SOUVENIRS

Fischerhemden, Mützen, Seemannspullover, Silberschmuck u. a. gibt es beim Eisbär (Norderende 178 A, Tel. 038300 605 34, www.eisbaer-hiddensee.de, Ostern–Okt. und Jahreswechsel tägl. 10–18 Uhr) gegenüber der Blauen Scheune in Vitte.
Souvenirs wie Hiddensee-Memo oder Bernsteinkisten erhalten Sie in der Insel-Information am Hafen in Kloster und im Haupthaus in Vitte.
Die Produkte der Kooperative »Hiddenseer Kutterfisch« finden Sie im Konservenladen in Vitte (Wiesenweg 8, Mo-Fr 11–17 Uhr), darunter schick designte Heringsdosen in vier Geschmacksrichtungen.
In der Bernstein-Werkstatt (Mühlberg 17 a, Kloster, Tel. 038300 604 94, https://bernstein-werkstatt-hiddensee.de tägl. 10–17 Uhr) können Sie dabei zuschauen, wie aus dem Rohmaterial Schmuck wird, und selbst gefundene Steine verarbeiten lassen (S. 143). Waren des täglichen Bedarfs erhalten sie in Kloster, Vitte und Neuendorf.

Wohin zum ... Ausgehen?

FAHRRADVERLEIH

Im Sommer sollten Sie die Räder besser vorbestellen. Im Winter ist es ratsam, ebenfalls vorher anzurufen, da manche Verleihstationen geschlossen sind. In Kloster am Hafen gibt es den Fahrradverleih Mirko Pehl (Hafenweg 4, Tel. 038300 437). In Vitte verleiht/repariert Fahrrad-Müller (Wallweg 3, Tel. 038300 464) Drahtesel. In Neuendorf können Sie beim Freizeitladen-Hiddensee (Schaulbarg Nr. 7, Tel. 038300 477, www.freizeitladen.net) Räder leihen. Außerdem verleihen fast alle größeren Hotels eigene Fahrräder. Die Leihgebühr für ein Fahrrad beträgt ca. 5–10 € pro Tag. Testen Sie vor Ort

Die Malerin Henni Lehmann ließ ihr Haus in Vitte in den 1920ern blau streichen, als »Blaue Scheune« war es als Ausstellungsort bekannt.

Bremsen und Gangschaltung, damit Sie sich dann unterwegs sicher fühlen können.

KUTSCHFAHRTEN

Kutsch- und Kremserfahrten bietet der Fuhrmannshof Neubauer (Mühlberg 21, Tel. 0171 189 28 07) in Kloster an, auch Waren- und Gepäcktransport. Der Fuhrmannshof & Fahrradverleih Hiddensee (Achtern Diek 27, Tel. 038300 680 15) übernimmt zusätzlich zu Kutschfahrten Transporte aller Art. In Neuendorf bietet der Fuhrmannshof Mach (Dörpstraat 23, Tel. 038300 501 96, www.hiddensee-fuhrmannshof.de) Kutschfahrten an.

SCHIFFSAUSFLÜGE

Die gängigen Schiffsverbindungen von allen drei Dörfern auf Hiddensee erfahren Sie auf www.reederei-hiddensee.de. Sie können dort auch eines der drei Wassertaxis der Reederei buchen. Die Überfahrt nach Schaprode oder Stralsund kostet so zwar mehr, ist aber auch wesentlich schneller. Ein Erlebnis für sich sind die Tagestörns mit dem Zeesenboot »Sophia Theresa« (Tel. 0172 382 64 04, www.hiddensee-segeln.de).

KULTURLEBEN

Die Seebühne (Wallweg 2, Vitte, Tel. 038300 605 93, https://hiddenseebuehne.de, April bis Sept.) ist ein kleines kulturelles Schmuckkästchen. Die abendlichen Vorführungen des Figurentheaters sind begehrt - reservieren ist sinnvoll.
Filmfreunde besuchen das Zeltkino mit rund 90 Plätzen (Kontakt über die Inselinformation in Vitte und Kloster, https://zeltkinohiddensee.de, Spielzeit April–Okt.).
In einem modernen Lärchenholzbau präsentiert die Homunkulus Figurensammlung in Vitte die Puppen der Seebühne Vitte. Es finden auch regelmäßig Veranstaltungen statt (Norderende 181, Vitte, Tel. 038300 60593, www.homunkulus.de).
Im Rahmen ihres jährlichen Sommerworkshops tanzen Studierende der Palucca-Hochschule für Tanz Dresden auf der Insel (www.palucca.eu).
Hiddensee ist klein – der Veranstaltungskalender dennoch immer gut gefüllt mit manchmal 3-4 Veranstaltungen am Abend, von der Autorenlesung bis zum Kapitänsabend mit Livemusik, aktuelle Infos unter www.seebad-hiddensee.de.

Stralsund

Geprägt vom leuchtenden Rot des Backsteins legt Stralsund Zeugnis vom einstigen Reichtum der Hansestädte ab.

Seiten 158–183

Die Wallensteintage entführen Besucher Stralsunds in die Zeit des Dreißigjährigen Kriegs.

Erste Orientierung

Vor 500 Jahren war Stralsund eine der reichsten Städte im Ostseeraum. Das sieht man noch heute auch an der beeindruckenden Backsteingotik. Riesige Kirchen und ein prachtvolles Rathaus zeugen von der einstigen Macht der Hansestadt.

Seitdem Stralsunds Altstadt nach der Wende restauriert wurde, schwärmen nicht nur Architekturfans von der einzigartigen Atmosphäre in der historischen Seehandelsstadt. Auch international wird Stralsund hoch geschätzt – gemeinsam mit Wismar gehört Stralsund zum Welterbe der UNESCO!

Benannt nach der *insula strala*, der heutigen Insel Dänholm, über die auch der Rügendamm führt, trägt Stralsund einen spitzen Pfeil im Wappen. Sowohl im Germanischen als auch im Slawischen bedeutet *stral* »Spitze« oder »Pfeil«.

Spitzenleistungen haben die Stralsunder bis heute im Schiffsbau und Seehandel erbracht.

Direkt gegenüber von Rügen gelegen, ist Stralsund schon immer eng verbunden gewesen mit der großen Insel. Heute besuchen immer mehr Rügenurlauber auf dem Weg zum Ostseestrand diese Stadt und sind begeistert: von der Gastfreundschaft der Stralsunder und der wunderbaren Altstadt mit ihren historischen Backsteinbauten.

TOP 10
- ❺ ★★ Alter Markt
- ❽ ★★ Meeresmuseum · Ozeaneum

Nicht verpassen!
- 53 St. Marien

Nach Lust und Laune!
- 54 Schill-Gedenkanlage
- 55 Stadtbefestigung mit Knieper- und Kütertor
- 56 Johanniskloster
- 57 St. Jakobi
- 58 Heilgeistkloster
- 59 Schiffer-Compagnie
- 60 Stralsund Museum
- 61 Zoo
- 62 HanseDom
- 63 Welterbe-Ausstellung

Mein Tag umgeben von Backsteinpalästen

»Architektur beginnt, wenn zwei Backsteine sorgfältig zusammengesetzt werden«, sagte einst Bauhausarchitekt Mies van der Rohe. In Stralsund ist diese Kunst besonders eindrücklich präsent.

Weiße

10 Uhr: Blick übers Backsteinmeer

Schaumkronen glitzern, die Sonne steht über dem Strelasund, vor der Küste blähen sich die Segel vieler Yachten im Wind und zu Ihren Füßen erstreckt sich ganz Stralsund: Es gibt keinen schöneren Blick über die Hansestadt als vom Turm der ❺❸ Marienkirche (S. 174). Wie Felsen in der Brandung ragen weitere Backsteinkirchen aus dem Häusermeer, im Hafen erheben sich die historischen Speicher.

11 Uhr: Kartenkunst in Industriearchitektur

Schon im 18. Jh. wurden in Stralsund Spielkarten hergestellt. Künstler haben diese fast vergessene Stralsunder Tradition wiederbelebt. In der Spielkartenfabrik führen sie sie Besuchern vor: An alten Druckmaschinen entstehen Spiele nach historischen Vorlagen und modernen Ideen. Die Namen versetzen in Spiellaune, etwa »Rum und Rollmops« oder »Leg dein Leben«. Jedes Jahr entwerfen die Grafiker zwei neue Spiele – doch Achtung, die Kunstwerke sind schnell vergriffen.

11.30 Uhr: Goldschätze im Kloster

Das Katharinenkloster ist einer der kulturhistorisch bedeutsamsten Bauten der Backsteingotik. Es beherbergt neben dem Meeres-

museum (S. 169) das 60 Stralsund Museum (S. 178). Versäumen Sie nicht, einen Blick auf das »Wikingergold« zu werfen; der auf Hiddensee entdeckte Goldschatz ist hier im Original zu sehen.

12.30 Uhr: Spaziergang über Weiße Brücken

Am 55 Kütertor bei der gleichnamigen Bastion biegen wir ab und spazieren auf den Weißen Brücken über den Knieperteich in einen idyl-

MEIN TAG

13.30 Uhr

Nach dem Wikingergold im Stralsund Museum (unten) kann man das Rathaus von der Terrasse der Wulflamstuben aus bewundern (rechts).

11.30 Uhr

lischen Park, in den die Stralsunder gerne kommen.

13.30 Uhr: Lunch vor Schaufassade

In einem prachtvollen Giebelhaus residiert mit den Wulflamstuben (S. 181) eines der besten Restaurants der Stadt am ❺ ★★ Alten Markt (S. 166). Vielleicht reservieren Sie einen Tisch in Fensternähe, um bei Fischsoljanka oder Dorschfilet den Blick auf die gegenüberliegende beeindruckende Schmuckfassade des Rathauses zu genießen?

14.30 Uhr: Kathedralen des Handels

Die prächtigen Bürgerhäuser zeugen vom Reichtum der Kaufleute – doch erwirtschaftet wurde dieses Kapital im Hafen. Lassen Sie sich treiben zwischen den alten Speichern, den »Kathedralen des Handels«. Der schönste ist der Türmchenspeicher. Er wird teilweise vom benachbarten ❽ ★★ Ozeaneum (S. 169) genutzt. Vergessen Sie nicht, dort den Pinguinen einen Besuch abzustatten – vermutlich die einzigen ihrer Art, die über den Dächern einer Stadt wohnen.

17.30 Uhr: Wellness im Gewölbe

Das Brodeln der Hafenstadt verstummt schlagartig hinter den dicken, leuchtend roten Mauern im Spa des Scheelehofs (S. 180). Im Wellnessbereich haben Sie die Wahl zwi-

Vom Naturkundemuseum Ozeaneum im Hafen von Stralsund reicht der Blick auf alte Backsteinspeicher und das ehemalige Segelschulschiff »Gorch Fock I«.

schen finnischer, Bio- und Dampfsauna oder einer Ayurveda-Massage. Gänzlich ungestört sind Sie zu zweit im Private Spa – bei Prosecco, Entspannungsbad und Verwöhnprogramm im Backsteinambiente.

20 Uhr: Champagnerbier mit Sommelier

Hinter Ziegelmauern wird in Stralsund traditionell auch Bier gebraut – zu Hansezeiten gab es hier mehr als 200 Brauer. Doch nun hat Bier in der Hansestadt ein völlig neues Image bekommen: Wenn Sie sich den Biersommeliers im Braugasthaus Störtebeker anvertrauen, werden zum Gourmet-Menü Spezialitäten mit Namen wie Rodenbach Grand Cru und Liefmans Kriek serviert – fein abgestimmt auf jeden Gang. Die Krönung ist eine Art Champagnerbier, das mit Weinhefe versetzt und nach der Methode Champenoise vergoren wurde. Ein würdiger Ausklang für einen Tag in Stralsunds Backsteinhallen.

Spielkartenfabrik Stralsund
✢ 214 A2
✉ Katharinenberg 35
☎ 03831 70 33 60
⊕ www.spiefa.de
✦ Mo–Fr 11–13 und 15–19 Uhr

Störtebeker Braugasthaus
✢ 210 B2
✉ Greifswalder Chaussee 84–85
☎ 03831 25 50
⊕ www.stoertebeker-brauquartier.com
✦ Do u. Fr. 17–22, Sa 12–22, So 12–16 Uhr, Küchenschluss jeweils 1 Std. vor Schließung

MEIN TAG

❺ ★★ Alter Markt

Was?	Prächtige Kaufmannshäuser im Stil der Backsteingotik vor der Kulisse von Rathaus und Nikolaikirche
Warum?	Stolze Demonstration von Reichtum und Macht
Wann?	Tagsüber brodelt das Leben, besonders schöne Stimmung zur blauen Stunde
Wie lange?	Eine Stunde inkl. Besuch der historischen Gebäude
Was noch?	Konzert in der Nikolaikirche
Was nehme ich mit?	Jedes Haus im Zentrum der historischen Altstadt ist ein Spiegel der Stadtgeschichte

Rathaus, St. Nikolai und Wulflamhaus machen den Alten Markt zu einem der schönsten Plätze Norddeutschlands. Besonders das Rathaus mit seinen Spitzgiebeln und Verbindungsgängen ist ein beeindruckendes Gebäude der Backsteingotik.

Stellen Sie sich am besten auf die nördliche Seite des Markts – von hier können Sie Rathaus und St.-Nikolai-Kirche (13. Jh.) in ihrer ganzen Pracht bewundern. Die Schmuckwand, die das Rathaus zum Norden und Osten hin abschließt, ragt stolz mit Zierfenstern in die Höhe. Solche Ziergiebel waren damals nicht unüblich, doch in Stralsund sind sie besonders prachtvoll ausgefallen. Die Wappen aller Hansestädte wurden über den Fenstern im ersten Stock angebracht, um an den Bund der Hanse zu erinnern. Das Rathaus diente zeitweise auch als Kaufhaus, die Nischen für die Stände zwischen den Säulen sind noch zu sehen. Erbaut wurde diese Ladengalerie 1680. Heute sind wieder Geschäfte ins Rathaus integriert und knüpfen damit an die Historie an.

Mächtiges Gotteshaus

Ein Verbindungsgang führt zu St. Nikolai. Diese Kirche, benannt nach dem hl. Nikolaus, dem Schutzpatron der Seefahrer, wurde erstmals 1276 schriftlich erwähnt und gilt als älteste Pfarrkirche Stralsunds. Mit ihrem 86 m langen und bis zu 29 m hohen Innenraum ist sie genau wie die Marien-

Die dreischiffige Basilika St. Nikolai ist die älteste der drei Pfarrkirchen von Stralsund (oben). Das Rathaus besitzt einen reizvollen zweigeschossigen Durchgang (links).

kirche (S. 174) ein riesiges Gotteshaus, das die Patrizier und Räte Stralsunds als Zeichen ihres Wohlstands im 13. Jh. errichten und mit einer Doppelturmanlage versehen ließen. Auffällig ist, dass den 102 m hohen südlicheren der beiden Türme ein Kupferhelm schmückt, der nördlichere dagegen besitzt nur ein Flachdach – die bei einem Brand im Jahr 1662 zerstörte Haube wurde nicht wieder aufgebaut.

Kostbare Kirchenschätze

Interessant ist im Inneren vor allem der Barockaltar von Andreas Schlüter mit dem Schnitzrelief »Das Auge Gottes« und einer Darstellung des Abendmahls. Die astronomische Uhr von 1394 auf der Rückseite des Hochaltars gilt als die älteste ihrer Art weltweit. Auf dem Ziffernblatt können Sie die Stellung von Sonne, Mond und Fixsternen sowie die Tageszeit ablesen. Auch das barocke Taufgehäuse von Elias Keßler beeindruckt: Die Ornamente an den Ecken stehen für Glaube, Liebe, Hoffnung und Geduld.

Häuser mit uralten Backsteingiebeln

Das älteste Haus der Stadt steht in der Mühlenstraße 1, fast direkt am Alten Markt. Es stammt aus dem späten 13. Jh. Vor allem der imposante Pfeilergiebel, einer der ältesten erhaltenen Giebel der Backsteingotik, beeindruckt.

Zwei Häuser weiter prunkt das gotische Dielenhaus, ein wunderschönes Backsteingebäude aus dem 15. Jh., mit verziertem Giebel. Es war ein typisches Kaufmannshaus, dessen breiter Eingang die Belieferung mit neuen Waren vereinfachte. Die Dauerausstellung im Haus zeigt Modelle historischer Gebäude aus Stralsund.

Nur wenige Schritte weiter erhebt sich das Wulflamhaus aus dem 14. Jh. Es ist benannt nach den einstigen Besitzern, der Bürgermeisterfamilie Wulflam. Auch hier ziert ein wunderschöner Giebel das schmale Backsteinhaus. Die Ornamente ähneln denen in der Schmuckwand des Rathauses. Im Erdgeschoss ist heute ein altdeutsches Gasthaus untergebracht, die Wulflamstuben (S. 181).

Schöne Giebel lenken in Stralsund den Blick nach oben.

KLEINE PAUSE
Den schönsten Blick auf das Rathaus und St. Nikolai haben Sie von der Terrasse des **Goldenen Löwen** (Alter Markt 1, tägl. ab 11 Uhr). Hier gibt es Kaffee in vielerlei Varianten und eine kreative Speisekarte, u. a. mit Fisch- und Wildgerichten.

 ✜ 214 B4

St. Nikolai
✉ Auf dem St. Nikolaikirchhof 1
☎ 03831 29 71 99 ⊕ www.hst-nikolai.de
🕘 April/Mai, Sept./Okt. Mo-Sa 10-18, So 12-16, Juni/Aug. Mo-Sa 10-19, So 12-16, Nov.-März Mo-Sa 10-16, So 12-15 Uhr ♦ 3 €

Dielenhaus
✉ Mühlenstr. 3
🕘 März-Dez. tägl. 10-18 Uhr
♦ frei

❽ ★★ Meeresmuseum · Ozeaneum

Was?	Zwei faszinierende Meeresmuseen
Warum?	Einblicke in die Welt der Meere und Infos zum Meeresschutz
Wann?	Das Ozeaneum im Sommer am besten nachmittags mit einem Onlineticket – das erspart Wartezeit
Wie lange?	Zwei Stunden bis zu einem halben Tag je Museum
Was noch?	Fütterung im Schildkrötenaquarium des Meeresmuseums
Was nehme ich mit?	Bei Fischhandel Rasmus nahe dem Meeresmuseum den Bismarck-Hering am Ort seiner Erfindung (Heilgeiststr. 10)

In keiner anderen Stadt in Deutschland können Sie so viel über die Meere und ihre Bewohner erfahren wie in Stralsund. Gleich drei Museen befassen sich mit der Wissenschaft der Ozeane.

Meeresmuseum hinter Klostermauern

Am ältesten ist das 3500 m² große <u>Meeresmuseum</u>, das seit dem Jahr 1974 in der ehemaligen Kirche des Dominikanerklosters St. Katharinen seinen Sitz hat. 2021 wurde es für eine umfassende Modernisierung geschlossen, die Wiedereröffnung des Museums wurde auf das Jahr 2024 terminiert. Geplant sind ein neugestaltetes Eingangsfoyer, neue, raumhohe Vitrinen und originalgroße Installationen von Meerestieren in den Ausstellungen sowie ein beeindruckendes Großaquarium mit Riff. Die Aquarien im historischen Gewölbekeller des Klosterkomplexes werden vollständig überarbeitet, damit die Besucher sich dort zukünftig wieder auf eine »museale Reise« durch die warmen Meere begeben können. Besonders beliebte Exponate wie die Lederschildkröte »Marlene« und das berühmte Finnwalskelett im Chor der Katharinenhalle

Prachtstück des derzeit geschlossenen Meeresmuseums: Finnwalskelett im Chor der einstigen Klosterkirche

werden auch nach der Modernisierung zu sehen sein. Und auch die Meeresschildkröten sollen weiterhin in ihrem 350 000 Liter fassenden Aquarium beobachtet werden können. Über den aktuellen Stand der Modernisierungspläne informiert auch die Website des Museums (S. 172)

Sehenswert ist auch die Architektur des ehemaligen Klosters, dessen Gebäude seit der Reformation weltlich genutzt werden, einst u. a. als Gymnasium und Waisenhaus. Unter gotischen Bögen geht man durch fast 770 Jahre alte Hallen und Gänge. Im Katharinenkloster befindet sich auch das Stralsund Museum (S. 178).

Die Welt der nördlichen Meere: Ozeaneum

Ein Meereskundemuseum der Superlative ist das Ozeaneum auf der Hafeninsel. Hier können Sie auf einer Fläche von rund 8700 m² die Unterwasserwelt der Nord- und Ostsee und des nordatlantischen Polarmeers erleben. Das größte Aquarium zum Thema »Offener Atlantik« fasst 2,6 Mio. Liter Wasser! Tausende Fische ziehen in Schwärmen an den Besuchern vorbei. Im Nordseeaquarium werden die Lebensräume der Nordsee, des Nordatlantiks und des Polarmeers präsentiert. Helgoland ist ein Tunnelaquarium gewidmet, in dem neben Tangfeldern auch Taschenkrebse und Riesenkrabben zu sehen sind. Weiterer Höhepunkt ist ein Brandungsbecken, in das sich im Minutentakt geräuschvoll eine Welle ergießt. In einem Aquarium zur Ostsee lebt ein Heringsschwarm, der 1000 Fische umfasst.

Aktuelle Gefahren für die Weltmeere wie Überfischung, Klimawandel und Plastikmüll werden detailliert thematisiert. Ein Publikumsmagnet ist auch das Pinguingehege auf der Dachterrasse.

Gleich neben dem Ozeaneum liegt das ehemalige Segelschulschiff »Gorch Fock I« an der Mole. Der fast 90 Jahre alte Dreimaster war zuletzt unter ukrainischer Flagge unterwegs. Bei der Besichtigung besonders interessant sind Offiziersunterkünfte, Kombüse und Kapitänssalon.

Nautineum auf Dänholm

Dieser Standort der Stiftung Deutsches Meeresmuseum auf der Insel Kleiner Dänholm informiert über Meeresfor-

Das meistbesuchte Museum Mecklenburg-Vorpommerns, das Ozeaneum, begeistert neben großen Aquarien mit seinen Humboldt-Pinguinen auf der Dachterrasse (links). Der markante Eingangsbereich symbolisiert vom Wind geblähte Segel (unten).

schung, Fischerei, Walfang und Seezeichen. Hier befindet sich u. a. das begehbare 14 m lange Unterwasserlabor Helgoland, ein Meilenstein deutscher Meeresforschungstechnik. In der Bootshalle sind historische Kutter und Arbeitsboote sowie Fanggeräte ausgestellt.

Das ehemalige Segelschulschiff »Gorch Fock I« liegt an der Mole gleich neben dem Ozeanezum.

KLEINE PAUSE
Das **Café Gumpfer** (Tel. 03831 28 59 23, www.cafe-gumpfer.de, tägl. 9–18 Uhr) liegt direkt neben dem Ozeaneum, mit vielen Außenplätzen. Serviert werden viele Snacks – vom »Bootsmannsfrühstück« bis zu Kaffee und Kuchen.

 Meeresmuseum
✝ 214 A3
✉ Mönchstr 45.
☎ 03831 265 02 12
⊕ www.meeresmuseum.de
❶ derzeit geschl.

Ozeaneum
✝ 214 C4 ✉ Hafenstr. 11, Besuchereingang zur Hafenseite
☎ 03831 265 06 10 ⊕ www.ozeaneum.de ❶ Juli/Aug. tägl. 9.30–20, Sept. bis Juni tägl. 9.30–18 Uhr
🎫 17 €

Nautineum Dänholm
✝ 210 B2 ✉ Zum Kleinen Dänholm
☎ 03831 26 50-355
⊕ www.nautineum.de
❶ Mai–Okt. tägl. 10–17 Uhr, Nov. bis April geschl. 🎫 frei
🚌 Bus 2, Haltestelle Dänholm

»Gorch Fock 1«
✝ 214 C4 ✉ An der Fährbrücke
⊕ http://gorchfock1.de
❶ Mitte März–Mitte Okt. tägl. 10–18, Mitte Okt.–Mitte März 10–16 Uhr
🎫 5 €

Magischer Moment

Unter weißen Segeln

Die Segel blähen sich, eine frische Brise weht über den Strelasund. Das Boot gleitet durch die Wellen. Gerade ist die Sonne untergegangen, die Silhouette der Hansestadt hebt sich vom Lapislazuli-blauen Himmel ab. »Mitsegeln« ist der neue Trend in Stralsund, bei dem man einige Stunden an Bord einer Yacht verbringen kann. Am frühen Abend heißt es in der City-Marina von Stralsund »Leinen los!« zum Sundowner-Törn, dann geht es Richtung Hiddensee. Etwas zu knabbern, ein Glas Weißwein – und das Ostseeglück ist perfekt.
Stralsund Yachtcharter, Tel. 0173 851 34 48
Seat Trips, Tel. 0173 327 84 90,
www.seatrips.de

⓷ St. Marien

Was?	Eine der größten Backsteinkirchen im Hanseraum
Warum?	Ein reiches Interieur mit vielen wertvollen Details, vom Turm der beste Ausblick über die Stadt bis nach Rügen
Wann?	Morgens ist es am ruhigsten, nachmittags ist das Licht am schönsten
Wie lange?	Inklusive Turmaufstieg mindestens 90 Minuten
Was noch?	Alle 14 Tage wird von Juni bis September mittwochabends um 20 Uhr ein Orgelkonzert gegeben (www.stellwagen.de)
Resümee	Ehrfurchtgebietendes Gotteshaus

104 m ragt der mächtige Kirchturm über der Stadt auf. Auch Innen imponiert die Kirche durch ihre Größe: Mit 96 m Länge, 41 m Breite und 33 m Höhe im Mittelschiff ist sie die größte Backsteinkirche im Ostseeraum. Von der Aussichtsplattform haben Sie einen tollen Blick über die Stadt.

Schriftlich erwähnt wurde St. Marien erstmals 1298. In ihrer jetzigen Form existiert die Kirche aber erst seit 1478, da das alte Gebäude unter seinem eingestürzten Turm begraben wurde. Über 90 Jahre lang bauten die Stralsunder damals am neuen Gotteshaus! Der Turm hatte bis zu einem Brand durch Blitzeinschlag 1641 sogar eine Höhe von 151 m. Die barocke Turmhaube in der heutigen Höhe stammt von 1708.

Der Marienkrönungsaltar erstrahlt in goldfarbenem Glanz.

STRALSUND

Beeindruckend ist auch die Weite des Kirchenschiffs – zumal selbst bei bewölktem Himmel so viel Licht durch die vielen jeweils 105 bis 115 m² großen Fenster einstrahlt, dass es innen taghell ist. Die Schätze der Kirche können Sie dadurch in ihrer ganzen Schönheit betrachten.

Schätze im Inneren

Besonders beeindruckend ist die imposante Barockorgel mit den riesigen Herolden und Engeln, die über dem Kirchenschiff thront. Die Figuren sind zwischen 1,50 und 4 m groß. Rund 3500 Pfeifen sorgen für den richtigen Klang. Das aufwendig restaurierte Instrument ist die größte, Mitte des 17. Jhs. gebaute Orgel, die in Europa heute noch besteht.

Ein weiteres Highlight ist der Marienkrönungsaltar aus dem 15. Jh. Er stammt ursprünglich aus einer mecklenburgischen Dorfkirche.

Die vier Kronleuchter im Mittelschiff entstanden im 15./16. Jh. Den größten ziert ein Pelikan, der sich die Brust aufreißt, um seine Jungen mit seinem Blut zu nähren – Symbol für Jesu Hingabe an die Menschen.

Interessant sind auch die Grabkapellen und Wandmalereien in den Seitenschiffen. Viele Bildnisse stammen aus dem 15. Jh. Betrachten Sie die Malerei an der Gewölbedecke: ein schreiender Mann, dessen Mund als Öffnung in die Mauer eingemeißelt wurde. Ein paar Schritte weiter, sozusagen am Bug des Kirchenschiffs, sehen Sie das älteste der vier Buntglasfenster der Kirche; es wurde 1913 eingesetzt. Wenn Sie um den Marienaltar herumgehen, gelangen Sie zum Grabmal des schwedischen Grafen Lilljenstedt. Es gilt als bedeutendstes Marmorbildnis der Barockzeit in Pommern.

KLEINE PAUSE
In der **Brasserie** (Neuer Markt 2, Tel. 03831 70 35 14, www.brasserie-stralsund.de, tägl. ab 9 Uhr) am Neuen Markt können Sie bei Kaffee, Salaten und Tagesgerichten angenehm verweilen; moderate Preise und schöner Hofgarten.

✝ 214 A/B2
✉ Marienstraße 16 ☎ 03831 29 89 65
◐ April. tägl. 10–17, Mai–Sept. tägl. 9.30–17.30, Okt. tägl. 10–16, Nov. bis März Mo–Fr 10–12 und 14–16, Sa 10–12, So 11–12 Uhr ⚑ Turm: 4 €

Nach Lust und Laune!

54 Schill-Gedenkanlage

Ein erfolgloser, aber tapferer Kämpfer war Ferdinand Baptista von Schill, der die Stadt 1809 aus den Fängen der Truppen Napoleons befreien wollte und dabei starb. Der kleine Park mit Denkmal (1909) ganz in der Nähe des Kniepertors eignet sich ideal für ein Mittagspäuschen auf der Parkbank. Herrlich ist der Blick aufs Wasser des Strelasunds. Eine Schill-Gedenkplatte befindet sich übrigens an der Stelle vor dem Haus in der Fährstraße 21, wo der Held der Stadt niedergeschossen wurde.

✣ 214 B5 ✉ Knieperwall

55 Stadtbefestigung mit Knieper- und Kütertor

Eine imposante Stadtmauer und zwei Stadttore zeigen noch, wo die Stadt früher ihre Grenzen hatte. Das Kniepertor im Norden wurde 1293 erstmals schriftlich erwähnt. Ein Gedenkstein im Durchgang erinnert an den Mitkämpfer Schills, Gustav von Peterson, der hier von Napoleons Soldaten erschossen wurde. Am nördlichen Ausgang des Stadttors steht am Olof-Palme-Platz das 1916 eröffnete Stadttheater (Theater Vorpommern, S. 183). Das gut erhaltene Kütertor aus dem 15. Jh. bildet das Ende der Heilgeiststraße.

✣ 214 A/B 3-5

56 Johanniskloster

Nur noch eine bewachsene Ruine ist übrig geblieben von der Kirche des Franziskanerklosters aus dem 13. Jh. Die Nachbildung einer Pietà des Bildhauers Ernst Barlach und ein hübscher Rosengarten gehören zur Anlage. Die kleinen restaurierten Fachwerkhäuschen, einst Wohn-

Das Klosteranlage St. Johannis wird in den nächsten Jahren vollständig zugänglich gemacht.

und Wirtschaftsgebäude der Mönche, werden heute privat genutzt. Bemerkenswert ist der sogenannte Räucherboden des Klosters. Hier endeten die Schornsteine aus den Räumen darunter und verräucherten den Dachstuhl, der auf diese Weise konserviert wurde. Wegen umfangreicher Sanierungsarbeiten ist das Kloster zurzeit geschlossen.

Stadtarchiv Stralsund
✝ 214 B5 ✉ Am Johanniskloster 35
☎ 03831 25 36 40

57 St. Jakobi
Die jüngste der drei großen Pfarrkirchen Stralsunds entstand zu Beginn des 14. Jhs. zwischen Alt- und Neustadt. Ein Blitzschlag 1662 und der Zweite Weltkrieg hinterließen starke Beschädigungen. Das Gotteshaus wurde so restauriert, dass die Wunden sichtbar blieben. Sie dient als Kulturkirche; Gottesdienste finden kaum noch statt, dafür regelmäßig Konzerte, Lesungen und Theateraufführungen.

✝ 214 B3 ✉ Jacobiturmstr. 28 a
☎ 03831 30 96 96
🕐 Termine der Veranstaltungen unter http://kdw-hst.de

58 Heilgeistkloster
Ein so schön restaurierter Spitalkomplex ist selten: Kleine, ein- und zweistöckige Reihenhäuschen vermitteln ein dörfliches Idyll, in dem sich heute unter Stralsundern begehrte Wohnungen befinden. Besonders der Kirchgang, der die Anlage mit der Heilgeistkirche verbindet, ist ein exotischer Wohnort. Ein Kloster gab es hier nie, stattdessen diente die Anlage, erstmals erwähnt im 13. Jh., als Hospital. Interessant ist, dass die Heilgeistkirche aus dem 15. Jh. auf der Ostseite in Höhe der Empore Türen zum Kirchgang hat. Durch diese wurden früher die unheilbar Kranken, die im Spital gepflegt wurden, in die Kirche gebracht.

✝ 214 C3 ✉ Wasserstr. 49
☎ 03831 29 04 46
🕐 die Anlage ist jederzeit zugänglich, die Kirche nur im Juli/Aug. Mo–Sa 10–17 Uhr

59 Schiffer-Compagnie
Die Schiffer-Compagnie ist seit 1488 ein Traditionsverein für Seefahrer. Sie wurde von den Seeleuten einst gegründet, um der Allmacht der Kaufleute etwas entgegenzusetzen, und ist seit 1635 in der Frankenstraße beheimatet. Hier treffen sich auch heute noch Stralsunds »Schiffsbrüder«, so die offizielle Bezeichnung der Mitglieder. Sie tauschen nicht nur Neuigkeiten aus, sondern zeigen auch die Mitbringsel aus aller Welt her, die zum Teil von Besuchern besichtigt werden können. Staunen Sie über alte Seekarten, Schiffsglocken und -modelle im großen Saal. Der ganze Stolz der Compagnie ist das 3 m lan-

ge und 2 m hohe Modellschiff Prinz Carl. Die Bruderschaftsmitglieder legen Wert darauf, kein Museum zu sein, sondern ein aktiver Verein, der seine historischen Schätze auf Anfrage der Öffentlichkeit präsentiert. Wenn draußen über dem Eingang die Compagnie-Flagge weht, tagen die Brüder.

 214 B2 Frankenstr. 9
 03831 29 85 10
 www.schiffer-compagnie.de
 Mo-Fr 10-17 Uhr
 frei, Spenden erwünscht

60 Stralsund Museum

Direkt neben dem Meeresmuseum (S. 169) sind im Katharinenkloster eine Ausstellung zur Geschichte Stralsunds sowie eine der interessantesten Sammlungen zur Ur- und Frühgeschichte Vorpommerns zu sehen. Hier wird u. a. das berühmte Wikingergold gezeigt: der Hiddenseer und der Peenemünder Goldschmuck. Präsentiert werden auch Grabbeigaben aus steinzeitlichen Großsteingräbern, z. B. dem Herzogsgrab bei Baabe auf Rügen, mittelalterliche Sakralkunst sowie Stralsunder Fayencen und Gemälde alter Meister.

Beeindruckend ist der ehemalige Speisesaal der Mönche, eine wunderschöne gotische Säulenhalle mit Kronleuchtern, die u. a. für Konzerte genutzt wird.

Zum Museum gehören auch das Museumshaus mit bürgerlicher Wohnkultur aus drei Jahrhunderten (Mönchstr. 38) und das Marinemuseum auf der kleinen Insel Dänholm zwischen Festland und Rügen.

 214 A3
 Mönchstr. 25-28
 03831 25 36 00 www.stralsund- museum.de Di-So 10-17 Uhr, Führungen nach tel. Vereinbarung, Marinemuseum nur Mai-Okt. 5 €, Verbundkarte (beide Museen) 8 €

61 Zoo

Vor den Toren der Stadt bieten 16 ha Land rund 900 Tieren ein Zuhause. 150 verschiedene Arten und rund 80 Haustierrassen teilen sich das Gelände. Neben Löwen, Schimpansen, Kängurus, Braunbären und Papageien gibt es eine ganze Menge Tiere zu sehen, die vom Aussterben bedroht sind, z. B. das Kaukasische Zwergzebu-Rind und das rauwollige Pommersche Landschaf. Auch das Weißbüscheläffchen und eine Herde europäischer Weißer Esel warten auf Besuch. Nach dem Zoo-Rundgang lockt ein Spaziergang im benachbarten Stadtwald.

 210 B2
 Grünhufer Bogen 2
 03831 25 34 80
 tägl. März u. Okt. 9-17, April-Sept. 9-18.30, Nov.-Feb. 10-16 Uhr 7 €, im Winter nur 5 €

62 HanseDom

Eine 2000 m² große, orientalisch anmutende Saunenwelt und die palmenbewachsene Seestern-Therme sind Publikumsmagneten. Besonders an regnerischen Tagen trifft man sich hier in der subtropischen Wasserlandschaft mit Wildwasserkanal und in den Whirlpools. Ruhesuchende zieht es hingegen eher in die zehn verschiedenen Saunen und Dampfbäder oder in die Wellnessoase mit Massageangebot, Aromatherapie und Kosmetikstudio. Entspannung findet hier jeder.

- 210 A2 ✉ Grünhufer Bogen 18–20
- ☎ 03831 37 33-430
- 🌐 www.hansedom.de
- 🕒 Sportbad tägl. 7.30–22.30 Uhr, Erlebnistherme tägl. 10–20 Uhr
- 🎟 siehe Website

63 Welterbe-Ausstellung

Stralsund und Wismar bilden ein gemeinsames »Weltkulturerbe« für ihre mittelalterlichen Stadtensembles. Eine moderne Ausstellung im sanierten Olthofschen Palais am Alten Markt informiert in fünf Kabinetten über die beiden Welterbestädte und über das Welterbeprogramm der UNESCO. Besucher können sich auf großen Karten über Welterbestätten in Deutschland und der Welt informieren. Mehrere Filme veranschaulichen die Stadtentstehung und die Bedeutung der historischen Anlage. Und schließlich wird der Frage nachgegangen, wie man heute im Welterbe lebt, wohnt und arbeitet.

- 214 B4
- ✉ Ossenreyerstr. 1
- ☎ 03831 25 23 16
- 🌐 www.stralsund-wismar.de
- 🕒 tägl. 10–17 Uhr
- 🎟 frei

Beim Blick von St. Marien wird klar, warum die Stralsunder Altstadt zum UNESCO-Welterbe zählt.

Wohin zum ... Übernachten?

Preise für ein Doppelzimmer pro Nacht inkl. Frühstück (in der Hauptsaison deutlich höher):
€ unter 60 Euro
€€ 60–130 Euro
€€€ über 130 Euro

Hotel am Jungfernstieg €€
36 komfortable Zimmer und drei Suiten (einige mit Blick über den Knieperteich auf die Altstadt) bietet dieses wenige Gehminuten von der Altstadt entfernte Drei-Sterne-Hotel. Das familiengeführte Haus beherbergt auch eine Marzipanmanufaktur mit eigenem Shop, regelmäßig werden Verkostungen durchgeführt. Der denkmalgeschützte Jungfernstieg gehört zu den schönsten Straßen Stralsunds.
✦ 214 westl. A1
✉ Jungfernstieg 1 b, 18437 Stralsund
☎ 03831 443 80
🌐 www.hotel-am-jungfernstieg.de

Hotel Baltic Stralsund €€
Vier-Sterne-Haus ganz in der Nähe des Hafens und der historischen Altstadt. Das komplett modernisierte Haus verfügt über 127 Zimmer und fünf Apartments, teilweise mit Blick auf die St.-Marien-Kirche und über den Strelasund auf Rügen. Ein Restaurant sowie eine Lobbybar und ein Freizeitbereich mit Sauna sorgen für das leibliche Wohl. Fahrräder können ausgeliehen werden.
✦ 214 C2
✉ Frankendamm 22, 18439 Stralsund
☎ 03831 20 40
🌐 www.viennahouse.com/de/hotel-baltic-stralsund/

Hotel Hiddenseer €–€€
Das Hotelensemble aus zwei sanierten und einem modernen Gebäude liegt im Hafen direkt neben dem Ozeaneum. Es gibt wahlweise helle, komfortable Zimmer oder geräumige Apartments, der Clou ist das Atelierzimmer in der obersten Etage mit Glasfronten zur See und zur Altstadt. Das hauseigene Restaurant mit Sund-Terrasse hat einen maritimen Charakter.
✦ 214 C4 ✉ Hafenstr. 12, 18439 Stralsund
☎ 03831 289 23 90
🌐 www.hotel-hiddenseer.de

Pension Zum Brauhaus €€
Historisches Fachwerkhaus, das im Landhausstil gehalten ist. Die Zimmer sind ruhig und gemütlich. Teilweise blicken Sie auf die schön renovierte Brauerei gegenüber, die sich als Kulturbrauerei etabliert hat. Die Altstadt ist ca. 2 km entfernt, ein Bus fährt regelmäßig ganz in der Nähe ab.
✦ 214 südl. C1 ✉ Greifswalder Chaussee 45, 18439 Stralsund ☎ 03831 4 59 34 51
🌐 www.pension-zum-brauhaus.de

Romantik Hotel Scheelehof €€–€€€
Jedes Zimmer in dem Vier-Sterne-Hotel in fünf historischen Gebäuden in Hafennähe ist individuell: Es gibt Größen von 20 bis 70 m², manche mit offenem Mauerwerk, andere mit jahrhundertealten Holzbalken. Sie haben die Wahl zwischen drei verschiedenen Restaurants; der Kaffee aus eigener Rösterei.
✦ 214 B4 ✉ Fährstr. 23–25, 18439 Stralsund
☎ 03831 28 33 00 🌐 www.scheelehof.de

Wohin zum ... Essen und Trinken?

Preise für ein Hauptgericht (ohne Getränke):
€ unter 10 Euro
€€ 10–20 Euro
€€€ über 20 Euro

Störtebeker Braugasthaus €€
Verschiedene Biersorten aus eigener Brauerei werden zu regionalen Speisen gereicht. Der Fisch kommt als Matjes und gebratenem Dorsch auf den Tisch. Darüber hinaus gibt es leckere Wildspezialitäten. Das Rindfleisch stammt von den ökologisch gehaltenen Tieren des Betreibers. Beheimatet ist das urige Gasthaus in einem hübsch restaurierten Gebäude auf dem Gelände des Störtebeker Brauquartiers, der Stralsunder Brauerei, die in der Störtebeker Braumanufaktur auch

Veranstaltungen und Führungen (inklusive Verkostung) anbietet. Die verschiedenen Bierspezialitäten wurden schon vielfach ausgezeichnet – das Schwarzbier zum Beispiel mit Gold beim International Craft Beer Award. Schöner Biergarten.

✈ 214 südl. C1 ✉ Greifswalder Chaussee 84–85, 18439 Stralsund ☎ 03831 25 55 00 ⊕ www.stoertebeker-brauquartier.com/braugasthaus ◐ tägl. ab 11 Uhr

Café Kelm €

Kleines, gemütliches Café in der Altstadt mit täglich frischen Kuchen und Torten. Auch die Eisbecher sind eine Sünde wert! Spezialität ist der Wallenstein-Eisbecher mit Heidelbeeren und Eierlikör. Ab mittags gibt es Deftiges wie Ofenkartoffeln oder Omeletts.

✈ 214 B3 ✉ Böttcherstr. 31, 18439 Stralsund ☎ 03831 66 77 90
◐ Mo-Sa 12–18, So erst ab 13 Uhr

Fischhalle am Hafen €

Frischer geht's kaum: Wer hier eine gebratene Scholle mit Bratkartoffeln genießt, kann sicher sein, dass der Fisch noch vor Kurzem durch die Ostsee geschwommen ist. Die Karpfen werden natürlich lebend verkauft, auch alle anderen Fische gibt es zum Mitnehmen. Täglich wechselnde Fischgerichte, u. a. auch Austern, werden im Stehen an kleinen Tischchen oder in einer Ecke auf Holzbänken verzehrt.

✈ 214 C4
✉ Neue Badenstr. 2, 18439 Stralsund
☎ 03831 27 83 66 ◐ tägl. 10–18 Uhr

Kurhaus Devin (Hotel und Restaurant) €€

Ein rustikaler Speisesaal von der vorletzten Jahrhundertwende und ein großer Biergarten machen das Restaurant zum schönen Ausflugsziel im Süden Stralsunds. Das Kurhaus Devin liegt in der Nähe des Boddenstrands – so können Sie eine Einkehr mit einem Bad im Strelasund verbinden. Und praktischerweise auch gleich übernachten. Es kommen v. a. gutbürgerliche Fisch- und Fleischgerichte auf den Tisch.

✈ 210 B1
✉ Deviner Park 1,
18439 Stralsund
☎ 03831 6 67 63
⊕ www.kurhaus-devin.de
◐ Mo, Di, Do, Fr ab 14.30,
Sa u. So. ab 11.30 Uhr

Speicher 8 €€–€€€

Im denkmalgeschützten Türmchenspeicher sitzen Sie mit gutem Blick auf die »Gorch Fock 1« am Strelasund und genießen moderne internationale Gerichte aus der offenen Küche. Küchenchef Peter Fleisch arbeitet mit einer Mischung aus regionalen und mediterranen Zutaten. Jeden Donnerstag ist Steak-Abend (ab 17 Uhr).

✈ 214 C4 ✉ Hafenstr. 8, 18439 Stralsund
☎ 03831 2 88 28 98 ⊕ www.speicher8.de
◐ Sommer tägl. 10–23, Winter Mo-Fr 17–22,
Sa/So ab 10 Uhr

Wulflamstuben €€–€€€

Direkt am Alten Markt lädt Sie im Wulflam-Haus dieses Traditionsrestaurant dazu ein, alte pommersche Gerichte zu probieren. Neben Fisch stehen auch deftige Fleischgerichte wie Steaks oder Lammkoteletts auf der Karte sowie Salate. Im Sommer kann man das historische Ambiente im Freien genießen.

Die über 583 m lange Rügenbrücke verbindet die Insel mit dem Festland.

WOHIN ZUM ...

⚓ 214 B4 ✉ Alter Markt 5, 18439 Stralsund
☎ 03831 29 15 33
🌐 www.wulflamstuben.de
🕐 tägl. ab 12 Uhr

Zum Scheele €€–€€€
Inmitten des historischen Gebäudeensembles des Hotels Scheelehof liegt dieses Restaurant mit seinen Backsteinwänden und alter Holzdecke. Im Sommer kann man auf der Terrasse im Innenhof speisen. Die Küche bietet Regionales und Internationales, empfehlenswert während eines Stadtrundgangs ist der leichte Lunch.
⚓ 214 B4 ✉ Fährstr. 23–25, 18439 Stralsund
☎ 03831 28 33 00 🌐 www.scheelehof.de
🕐 Frühstück 7–11, Lunch 12–14, Abendkarte ab 17 Uhr

Wohin zum ... Einkaufen?

DIES UND DAS

Haupteinkaufsstraßen in der Altstadt sind die Fußgängerzonen Apollonienmarkt und Ossenreyerstraße. Hier finden Sie bekannte Ketten, aber auch verschiedene Einzelhandelsgeschäfte.
Jeden Dienstag und Freitag von 7 bis 15 Uhr gibt es auf dem Neuen Markt vor St. Marien einen Wochenmarkt. Bauern aus der Region verkaufen frisches Obst und Gemüse; im Sommer kann man auch Kunsthandwerk direkt von den Produzenten erwerben.

SOUVENIRS

Typische Mitbringel aus Stralsund, wie eine Ratsherrenkette oder ein Skatblatt mit Stralsunder Persönlichkeiten, Schlüsselanhänger u. a. bekommen Sie im Shop der Stralsund-Tourist Information (Alter Markt 9, 18439 Stralsund, Tel. 03831 252-340, www.stralsundtourismus.de, Mo–Fr 10–17, Sa bis 14 Uhr). Ungewöhnliche Keramik bietet Frank-Peter Reichel mit Red Nusl Arts in der Fährstr. 27. Der hübsche Laden (Tel. 03831 28 17 16, https://rednuslarts.jimdofree.com, Di bis Fr 10–18, Sa bis 12 Uhr) ist in einem denkmalgeschützten Haus untergebracht. Hier können Sie sich beim Stöbern Zeit lassen.
Zwei Kunsthandwerkerinnen haben Meeres-Ton Keramik (An der Fährbrücke 1a, Tel. 03831 67 17 16, www.meereston.de, Mo–Fr 11 bis 16 Uhr) gegründet. Alle Arbeiten mit geschmackvollen Tier- und Naturmotiven werden im Team geplant und ausgeführt.
Modernen Schmuck, Keramik und Bilder bekommen Sie in der HanseGalerie (Alter Markt, im Rathaus, Tel. 03831 29 28 89, https://hanse-galerie-stralsund.de, Mo–Fr 11–18, Sa bis 14 Uhr).
Die mehr als 800 Jahre alte Brautradition der Stadt ist in der Brauerei Störtebeker (Greifswalder Chaussee 84–85, Tel. 03831 25 50, www.stoertebeker.com, aktuelle Führungen und weitere Veranstaltungen werden auf der Website bekanntgegeben).

Wohin zum ... Ausgehen?

IN DER UMGEBUNG

Rund 40 000 Vögel pausieren 15 km nördlich von Stralsund bei Groß Mohrdorf alljährlich im Frühjahr und Herbst, um sich für den Weiterflug gen Norden oder Süden zu wappnen. Es ist ein Erlebnis, wenn die Kraniche gegen Abend zu ihren Schlafplätzen einfliegen. Verschiedene Beobachtungstürme ermöglichen den Blick auf die Tiere aus nächster Nähe. Ein NABU-Kranich-Informationszentrum (Lindenstr. 27, 18445 Groß Mohrdorf, Tel. 038323 805 40, https://kraniche.de/, März/April tägl. 10–16, Mai bis Juli Mo–Fr 10–16, Aug. tägl. 10–16.30, Sept./Okt. tägl. 9.30–17.30, Nov. Mo–Fr 10–16 Uhr, Eintritt frei) informiert über Lebensgewohnheiten, Überwinterung und Brut.

SCHIFFSAUSFLÜGE

Bis zu viermal täglich legen Schiffe zu Hafenrundfahrten ab. Die Weiße Flotte veranstaltet eine moderierte Hafentour auf der »MS Altefähr« (Tel. 03831 268 10, www.

weisse-flotte.de). Die Tour von Fahrgast-schifffahrt Hübner (Tribseer Damm 20, 18437 Stralsund) können über das Bordtelefon (0173 611 2090) erfragt werden. Auch hier bieten sich schöne Blicke auf die Hansestadt. Direkt neben dem Anleger für Hafenrundfahrten legt das Schiff nach Hiddensee (Reederei Hiddensee, S. 157) ab, während der Sommersaison täglich; zudem können Sie dort auch die teureren Wassertaxis nach Hiddensee buchen.

STADTFÜHRUNGEN

Führungen organisiert die Tourist Information Stralsund (Alter Markt 9, Tel. 03831 25 23 40, www.stralsundtourismus.de) während der Sommersaison in vielfältiger Form. Es gibt Altstadtführungen, die Tour »Nachtwächters Geschichten« und einen kulinarischen Stadtrundgang (über das jeweils aktuelle Angebot informiert auch hier die Website der Tourist Information).

Der Rundgang mit dem Nachtwächter beginnt am Alten Markt zur Dämmerung.

Sollten Sie nicht so gut zu Fuß sein, bietet sich eine Rundfahrt mit der Hanse-Bahn an (Tel. Zudarer Weg 18, 03831 49 03 72, www.hanse-bahn-stralsund.de, Mo-Do 11 bis 16.30, Fr/Sa nur bis 15.30 Uhr). Während der 45-minütigen Tour erklärt der Fahrer die wichtigsten Gebäude der Altstadt. Abfahrt ist am Neuen Markt bei St. Marien.

NACHTLEBEN

Oper, Ballett, Musical und Theater werden im Theater Vorpommern (Olof-Palme-Platz 6, Tel. 03831 264 60, www.theater-vorpommern.de, Theaterkasse Di-Fr 10-13 und 16-18 Uhr sowie eine Stunde vor der Vorstellung) aufgeführt.
Ein bunt gemischtes Publikum trifft sich in der Kulturschmiede (Kneipe und Bar, Langenstr. 24 b, 18439 Stralsund, Tel. ab 19 Uhr 03831 30 96 16, www.kulturschmiede-stralsund.de, Di-Do 19-2, Fr-Sa bis 3Uhr). In den Räumen im Industriedesign finden auch regelmäßig Events statt.
Eher studentisch geht es dagegen in Knuts Bar (Mönchstr. 41, Tel. 03831 28 18 88, http://derstudentenkeller.de, tägl. ab 20 Uhr) zu.
In der Fährstraße 17 findet man eine der ältesten Hafenkneipen Europas: Bis ins Jahr 1332 reichen die Wurzeln der Schänke Zur Fähre (Tel. 03831 29 71 96, www.zurfaehre-kneipe.de, tägl. ab 18 Uhr) zurück – auf dieses Datum datiert die erste Erwähnung der heutigen Hafenkneipe »Zur Fähre« im Stralsunder Stadtbuch. Für die urige Atmosphäre ist nun die mit ganzem Herzblut engagierte Wirtin Hanni Höpner verantwortlich. Sie war es auch, die der lange fast auschließlich Stammgästen vorbehaltene Hafenkneipe auch für andere Gäste öffnete. Die Sperrkordel (»Urlaubertampen«, die früher vor die Innentür gelegt wurde, um Nichtstammgästen den Weg (in eine andere Kneipe) zu weisen, ist in der heutigen Hafenkneipe »Zur Fähre« zwar noch als (nun ungenutztes) Relikt erhalten, aber auch Nichtstammgäste aus der Region wie aus allen Ländern der Welt sind hier längst herzlich willkommen. Eine weitere Hafenkneipe ist der Klabautermann (Am Querkanal 2, Tel. 03831 29 08 56, www.pension-klabautermann.de, tägl. ab 12 Uhr).

WOHIN ZUM ...

Spaziergänge & Touren

Entlang der nördlichen Boddenküste des Muttlands, inmitten ursprünglicher, idyllischer Natur, gibt es viel Kultur zu entdecken.

Seiten 184–193

Zur Rapsblüte zeigt sich die Insel von einer besonders schönen Seite.

Unterwegs im Nordwesten

Was?	Rundfahrt mit Spaziergängen
Wann?	Das ganze Jahr über
Länge?	Ca. 90 km
Dauer	Sechs bis sieben Stunden
Start/Ziel	Bergen auf Rügen ✣ 212 B4

Rügens nördliche Boddenküste hat ihren ganz eigenen Reiz: kleine Dörfer, Hügelgräber und endlose Weiden am schilfbewachsenen Ufer. Von Bergen über Ralswiek führt der Weg zum Liddower Haken, nach Lebbin und weiter zum Stolper Haken – unterwegs gibt es immer wieder wunderbare Aussichten.

1–2
Von Bergen (S. 113) geht es auf der B 96 gen Norden. Nach rund 6 km kommt links der Abzweig nach Ralswiek (S. 122). Schauen Sie sich den Ort mit dem Schloss, der Schwedenkirche und der berühmten Freilichtbühne an.

2–3
Fahren Sie weiter auf der Landstraße Richtung Patzig. Dort steht die St.-Margarethen-Kirche, ein markanter Backsteinbau aus dem 15. Jh. Versäumen Sie nicht, einen Blick ins Innere zu werfen: Das älteste Objekt ist hier der Taufstein aus dem 13. Jh. – vermutlich der älteste auf der Insel. Ein Schmuckstück ist auch der geschnitzte Margarethen-Altar (Schlüssel wochentags bei Sattlerei Witt, Enge Str. 1). Fahren Sie dann wieder ein Stück zurück und biegen links in die Hofstraße.

Folgen Sie dem Plattenweg bis ins 1 km entfernte Woorke. Rechts sehen Sie dann schon die Grabhügel der <u>Woorker Berge</u> (S. 130). Fahren Sie im Ort rechts und parken Sie vor den Hügeln. Je nach Lust und Laune können Sie nun ein Picknick machen, Tisch und Bänke sind vorhanden. Genießen Sie den weiten Blick über die Felder!

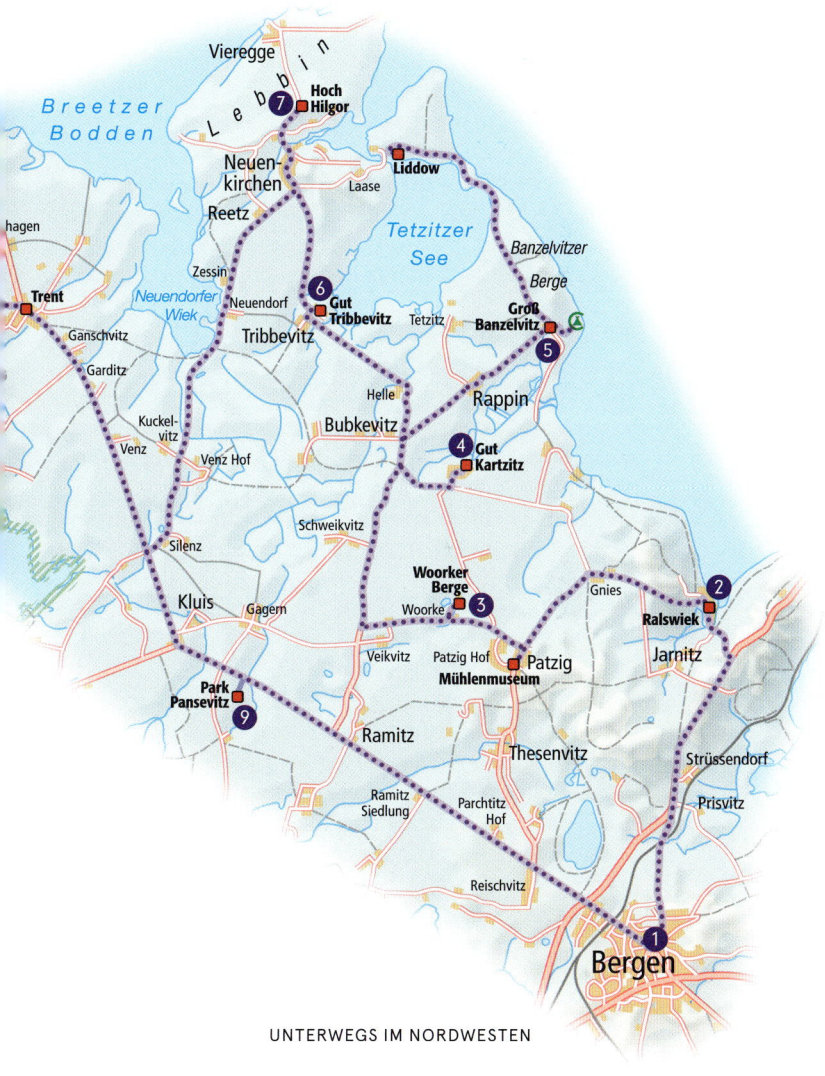

UNTERWEGS IM NORDWESTEN

3–4

Westwärts führt Sie der Plattenweg zur Landstraße Richtung Rappin. Nach rund 3 km kommt ein Abzweig mit einem Wegweiser zur Freilichtbühne Ralswiek. Folgen Sie dem Schild. Nach rund 300 m sehen Sie links das wunderschön restaurierte Gut Kartzitz (S. 130) aus dem 18. Jh. Machen Sie einen Spaziergang durch den Gutspark.

4–5

Fahren Sie zurück zur Landstraße nach Rappin und biegen rechts ab. Hinter Rappin gelangen Sie nach Groß Banzelvitz. Parken Sie am Campingplatz und machen Sie eine Pause am schönen Strand des Großen Jasmunder Boddens. Hier haben Sie Gelegenheit zu einem Bad oder einem Spaziergang durch den idyllischen Wald nach Liddow (S. 129) mit seinem gleichnamigen Gutshaus. Der 5 km lange Wanderweg ist ausgeschildert; Hin und zurück benötigen Sie gut zwei Stunden.

5–6

Auf derselben Landstraße, auf der Sie gekommen sind, geht es zurück. Ca. 1 km hinter Rappin biegt eine kleine Straße rechts Richtung Helle ab, einem Dorf, das komplett verlassen ist. Fahren Sie entlang der Viehweiden und Felder durch die idyllische Ortschaft immer weiter bis zum Gut Tribbevitz, einem Reitgestüt mit elegantem Hotel. Schauen Sie sich unbedingt die hier gezüchteten edlen Trakehner auf den umliegenden Weiden an.

6–7

Von Tribbevitz geht es nordwärts weiter Richtung Neuenkirchen. Fahren Sie durch den kleinen Ort Richtung Vieregge. Hinter der Ortschaft Moor taucht auf der rechten Seite Hoch Hilgor auf. Auf diesem Hügel steht inmitten einer idyllischen Insellandschaft der Grümbke-Turm (S. 129), der 2018 aus Stahl neu errichtet wurde. Je nach Jahreszeit reichen grüne oder goldgelbe Weiden bis zum Ufer des Boddengewässers, dazwischen liegen eine Handvoll Häuser und kleine Dörfer. Die Szenerie erinnert an eine typisch skandinavische Seenlandschaft.

7–8

Fahren Sie zurück durch Neuenkirchen Richtung Neuendorf. Rund 5 km hinter Neuendorf biegen Sie an der Landstraße von Trent nach Bergen rechts ab und fahren über Trent mit einer Dorfkirche aus dem 15. Jh. nach Schaprode (S. 128). Parken Sie auf dem ausgeschilderten Parkplatz und machen Sie einen Rundgang durch den Ort mit den reetgedeckten Fischerhäusern, der hübschen Kirche und dem geschäftigen Hiddensee-Fähranleger. Fahren Sie in nördlicher Richtung weiter auf der ausgeschilderten Straße Richtung Poggenhof und weiter bis zum Stolper Haken, wo sich Ihnen ein wunderschöner Ausblick auf Hiddensee bietet.

Die Tour beginnt und endet in der Insel-Hauptstadt Bergen.

8–9

Zurück führt der Weg auf derselben Landstraße über Schaprode und Trent Richtung Bergen. Ca. 500 m hinter der Ortschaft Kluis biegt ein Weg rechts zum Park Pansevitz (S. 108) ab. Machen Sie einen kleinen Spaziergang durch die idyllische Anlage, in der seltene Pflanzen wie die Kaukasische Flügelnuss, die Kornelkirsche und der Hartriegel wachsen.

9–1

Fahren Sie auf die Landstraße nach Bergen zurück und biegen Sie rechts ab. Nach gut 15 Minuten Fahrt auf einer viel befahrenen Allee sind Sie wieder in Bergen.

KLEINE PAUSE

Im Garten des **Wirtshauses Neuenkirchen** (Dorfstr. 12, 18569 Neuenkirchen, Tel. 038309 7 03 60, www.wirtshausneuenkirchen.com) auf der Halbinsel Lebbin können Sie eine Pause einlegen und sich in dem kleinen rustikalen Restaurant stärken.

Am Ufer des Großen Jasmunder Boddens

Was?	Rad- und Schiffstour
Wann?	Störtebeker-Festspiele (https://stoertebeker.de)
Länge?	28 km
Dauer	Vier bis fünf Stunden
Start/Ziel	Ralswiek (kein Fahrradverleih) ⊕208 B1

Diese Tour entlang des Großen Jasmunder Boddens führt Sie durch Wälder und Felder. Schloss Spyker lädt zur Rast ein, die Schaabe bietet Badespaß am Ostseestrand. Zurück geht es per Schiff über den Bodden.

1–2

Zu Beginn kommt gleich Ihr Puls auf Trab. Steil bergauf geht es am Ortsausgang von Ralswiek (S. 122), vorbei an der Schwedenkirche, Richtung B 96. Zum Glück gibt es einen Fahrradweg, weshalb es auch kein Problem ist, unterwegs abzusteigen und zu verschnaufen. An der Bundesstraße biegen Sie links ab und folgen dem am Waldrand verlaufenden Fahrradweg. Nach ca. 400 m wechselt dieser die Seite – Vorsicht beim Überqueren der viel befahrenen Straße! Weiter fahren Sie entlang der B 96 über den Damm, der den Großen und Kleinen Jasmunder Bodden trennt, bis Lietzow.

2–3

Halten Sie sich links auf dem Radweg neben der Bundesstraße und fahren Sie in Lietzow (S. 52) vorbei am Lietzower Strand. An der B 96 immer bergauf, zweigt nach ca. 200 m links ein schmaler, ausgeschilderter Weg in den Waldpark Semper ab, der nach historischem Vorbild restauriert wurde. Am 90 Jahre alten Herrenhaus und einer Wasserturmruine vorbei führt der Weg an der nächsten Weggabelung links weiter bis zur nächsten Kreuzung.

Dort wieder links und dann immer geradeaus geht es auf einem Feldweg Richtung Martinshafen; der Weg ist mit ei-

nem blauem Zeichen als Wanderweg markiert. Bis Martinshafen sind es 4 km. Eine Weile fahren Sie noch durch Wald mit relativ sandigem Boden, dann haben Sie einen schönen Blick auf den Großen Jasmunder Bodden. Kurz vor Martinshafen gelangen Sie auf eine kleine Landstraße. Dieser folgen Sie geradeaus bis zum Yachthafen. Früher wurde hier Kreide abtransportiert. Machen Sie eine kleine Pause und genießen Sie den Blick auf den Bodden.

3–4

Durch die Feriensiedlung Neuhof nördlich der Marina radeln Sie auf einem Feldweg immer nordwärts am Ufer des Boddens entlang über Felder und Wiesen. Nach 2 km gelangen Sie in den kleinen Weiler Rachenberg. Dort kommt nach einer Rechtskurve links ein Kopfsteinpflasterweg, der durch die Kleingartenanlage Polchow führt und sich als Feldweg immer am Schilfgürtel des Boddens entlang fortsetzt. Kurz vor der Brücke über den Spykerschen See fahren Sie rechts zum 100 m entfernten Schloss Spyker (S. 53), das mit seinen knallroten Ecktürmen schon von Weitem zu sehen ist.

4–5

Radeln Sie zurück zur Abzweigung, die Sie zum Schloss geführt hat, und fahren Sie rechts weiter über die Brücke Richtung Weddeort. Viel Schilf und Wasser zeigt sich jetzt zu beiden Seiten. 20 m nach der Brücke führt der Weg scharf links durch buschige Sträucher bis zu einer Asphaltstraße. Diese überqueren Sie und fahren auf dem ausgeschilderten Feldweg ca. 1 km bis Glowe (S. 53). Bald gelangen Sie an der kleinen evangelischen Kirche vorbei zur Hauptstraße und biegen links ab. Sie befinden sich jetzt auf geradem Wege zum herrlichen Strandrevier Schaabe (S. 54).

Fahren Sie aus Glowe heraus und nutzen Sie den Radweg neben der Straße. Biegen Sie nach rund 3 km vom Radweg neben der Landstraße nach rechts ab und schieben Sie die Räder durch den Dünenwald zum Strand.

5–6

Wenn Sie von Sand und Sonne genug haben, fahren Sie auf dem Radweg entlang der Landstraße rechts weiter Richtung

Juliusruh (S. 54). Nach ca. 4 km sind Sie in dem hübschen Ort mit seinen Strandhotels und Ferienanlagen. Gehen Sie hier ein Eis essen oder schauen Sie sich den schönen Landschaftspark an. Sie erreichen ihn, wenn Sie auf der Hauptstraße an der ersten Querstraße im Ort links abbiegen.

6-1
Links am Landschaftspark vorbei führt die Straße nach Breege (S. 54) mit hübschen Reetdachhäusern. In Breege befindet sich der Hafen, von dem Sie am Abend ein Schiff wieder nach Ralswiek zurückbringt. Das Schiff zwischen Breege und Ralswiek verkehrt nur während der Störtebeker-Festspiele (Mo–Sa 18.30 Uhr ab Breege. Unbedingt vorher Plätze reservieren (Tel. 038391 123 06, www.reederei-kipp.de)! Genießen Sie die rund einstündige Schiffstour über den Bodden im Abendlicht.

Idyllisch am Jasmunder Bodden gelegen: der Hafen von Ralswiek

KLEINE PAUSE
In der **Kellergaststätte »Am Strand«** (Wittower Str. 19, Juliusruh, tägl. ab 17 Uhr) können Sie in gemütlicher Atmosphäre essen. Die Küche serviert überwiegend Regionales. Beliebt sind die Garnelenpfanne und der Wittower Fischtopf. Bei gutem Wanderwetter macht das Restaurant, zu dem auch eine Pension gehört, schon ab 14 Uhr auf.

Praktische Informationen

Was vor der Reise wichtig ist, wie Sie vor Ort gut zurechtkommen und viele nützliche Infos mehr erfahren Sie hier.

Seiten 194–204

Reetgedecktes Haus im traditionsreichen Fischerort Middelhagen

VOR DER REISE

AUSKUNFT

Tourismuszentrale Rügen
✢ 212 C3 ✉ Circus 16, 18581 Putbus
☎ 03838 80 77 80 ⊕ www.ruegen.de
❷ Mo–Fr 9–17 Uhr
Bei der Tourismuszentrale Rügen kann man Unterkünfte buchen. Die zentrale Auskunft in Putbus verschickt auf Anfrage einen Rügenkatalog, eine Wander- und eine Familienbroschüre, weitere Broschüren stehen online zur Verfügung. Außerdem kann ein monatlicher Newsletter bestellt werden. Für iPhone-Nutzer gibt es eine eigene Rügen-App.

Hiddenseer Hafen- und Kurbetrieb
✢ 206 B3 ✉ Achtern Diek 18 a, Vitte
☎ 038300 60 86 85 ⊕ www.seebad-hiddensee.de ❷ Mo–Fr 10–12 Uhr

Tourismuszentrale der Hansestadt Stralsund
✢ 214 B4 ✉ Alter Markt 9, 18439 Stralsund
☎ 03831 25 23 40 ⊕ www.stralsundtourismus.de ❷ Mo–Fr 10–17, Sa nur bis 14 Uhr

Websites
www.rügen.de: Die Website der Tourismuszentrale Rügen bietet einen ausführlichen Überblick über Regionen und Orte, gibt eine Fülle von Tipps und informiert zu sportlichen Aktivitäten und weiteren Urlaubsinteressen wie Architektur oder Kulinarik. Sie finden ein ausführliches Gastgeberverzeichnis mit direkter Buchungsmöglichkeit – auch für besondere Bedürfnisse wie Reisen mit Hund oder barrierefreie Unterkünfte.
www.wirsindinsel.de: Das Online-Magazin, das von vielen Inselkennern bestückt wird, taucht tiefer in typische Inselthemen ein, stellt Menschen vor und geht auf Exkursionen zu Geheimtipps – sehr empfehlenswert, wenn man sich intensiver mit Rügen beschäftigen möchte.
www.seebad-hiddensee.de: Infoportal des Hiddenseer Hafen- und Kurbetriebs mit vielen praktischen Hinweisen. Auch hier kann man Unterkünfte buchen. Hilfreich ist der Veranstaltungskalender mit Suchfunktion nach besonderen Interessen.
www.stralsundtourismus.de: Der Online-Reiseführer der Hansestadt informiert über Sehenswürdigkeiten, Stadtführungen, Unterkünfte und Veranstaltungen.

Botschaften und Konsulate

Österreichische Botschaft Berlin
✉ Stauffenbergstraße 1, 10785 Berlin
☎ 030 26 93 42 80
⊕ www.bmeia.gv.at/oeb-berlin

Schweizer Botschaft
✉ Otto-von-Bismarck-Allee 4 A, 10557 Berlin
☎ 030 390 40 00
⊕ www.eda.admin.ch/berlin

Kurtaxe & Ermäßigungen
Zahlreiche Seebäder auf Rügen und Hiddensee erheben eine Kurtaxe. Sie beträgt in der Hauptsaison zwischen 1 und 2,85 € pro Tag und Person. Die Mittel fließen u. a. in öffentliche Freizeitanlagen und Kulturangebote. Die Gäste erhalten dafür eine Kurkarte, die den kostenlosen Zugang zu den Stränden beinhaltet und weitere Leistungen wie Fahrten mit der Bäderbahn oder ermäßigte Eintritte in Ausstellungen und Museen.

Kurkarteninhaber der Ostseebäder Sellin, Baabe, Göhren sowie der Gemeinde Mönchgut (Middelhagen, Gager, Thiessow) können im Rahmen des Angebots »Bus frei« die Busse der VVR ganzjährig fahrpreislos nutzen.

Feiertage
1. Jan.: Neujahr
März/April: Karfreitag und Ostermontag
1. Mai: Tag der Arbeit
Mai/Juni: Christi Himmelfahrt
Mai/Juni: Pfingstmontag
3. Okt.: Tag der Deutschen Einheit
31. Okt.: Reformationstag
25./26. Dez.: Weihnachten

Geld
Währung: Deutschland gehört zur Euro-Zone. Für die Schweiz gilt: 1 € = ca. 1,03 CHF bzw. 1 CHF = ca. 0,97 € (Stand: Frühj. 2022).

Einen Devisenrechner zur Umrechnung verschiedener Währungen finden Sie im Internet unter www.oanda.com.
Kreditkarten: werden in den meisten größeren Hotels, Restaurants und Geschäften akzeptiert. Insbesondere im Restaurant sollte man vor der Bestellung nachfragen – manche akzeptieren nur Bargeld.
Sperrnummern: Unter der einheitlichen Sperrnotruf-Nummer +49 116 116 kann man in Deutschland Bank- und Kreditkarten, Online-Banking-Zugänge, Handykarten und die elektronische Identitätsfunktion des Personalausweises bei Verlust sperren lassen. Für Österreich gilt die Telefonnummer: ☎ +43 1 204 88 00.
Die Schweiz hat keine einheitliche Notfallnummer; die wichtigsten sind:
☎ +41 44 659 69 00 (Swisscard)
☎ +41 44 828 31 35 (UBS Card Center)
☎ +41 58 958 83 83 (VISECA)
☎ +41 44 828 32 81 (PostFinance).
Trinkgeld: Meist werden Restaurant- und Getränkerechnungen aufgerundet. Mit 10 % macht man nichts falsch. Ein Hotelportier erhält 1–2 € pro Koffer, ein Zimmermädchen 1–2 € pro Tag, Stadtführer nach Ermessen, öffentliche Toiletten sind mit Kurkarte meist frei.

Gesundheit

Den **Ärztlichen Bereitschaftsdienst** erreicht man unter Tel. 116 117, Praxen mit zahnärztlichem Bereitschaftsdienst veröffentlicht die Zahnärztekammer Mecklenburg-Vorpommern unter www.zaekmv.de.

In Bergen auf Rügen hat die **Sana-Klinik** ihren Sitz (Calandstr. 7/8, Tel. 03838 390, www.sana-ruegen.de), in Stralsund das **Helios Hanseklinikum** (Große Parower Str. 47–53, Tel. 03831 3 50, www.helios-gesundheit.de). Auf Hiddensee befindet sich in Vitte eine Rettungswache der Johanniter-Unfallhilfe.

Apotheken mit Bereitschaftsdienst findet man beim Onlinedienst der deutschen Apotheker unter www.aponet.de. Falls ein Arzt aufgesucht werden muss, empfiehlt sich für Besucher aus Nicht-EU-Ländern eine spezielle **Reisekrankenversicherung.**

In Kontakt bleiben

Post: Postämter oder Filialen gibt es in den meisten größeren Orten. Klassische Postämter sind meist Mo–Fr 9–12 und 14–18 Uhr geöffnet, Filialen in Ladengeschäften oder Supermärkten i. d. R. länger.
Telefonieren: Mit dem Handy hat man auf Rügen fast überall eine gute Netzabdeckung. Seit der Abschaffung des Roamings innerhalb der EU ist Telefonieren auch ins europäische Ausland nicht mehr teuer. Für Anrufe in die Schweiz informieren Sie sich vorab bei Ihrem Mobilfunkvertragspartner.
WLAN und Internet: Die meisten Hotels und Pensionen bieten ihren Gästen WLAN an, bei vielen ist dieser Service inklusive. Auch in manchen Cafés und Restaurants kann man im Internet surfen. Zudem besteht die Möglichkeit, in Kurverwaltungen wie Binz, Sellin oder Göhren online zu gehen.

Notrufe

Allgemeiner Notruf: ☎ 112
ADAC-Pannenhilfe: ☎ 01802 22 22 22

Reisedokumente

Reisende sollten Personalausweis oder Reisepass mit sich führen. Bei Anreise mit dem Pkw sollten der nationale Führerschein und die Fahrzeugpapiere dabei sein.

Reisezeit

Rügen ist eine der Regionen mit den meisten Sonnenstunden in ganz Deutschland. Im Durchschnitt scheint an rund 65 Tagen im Jahr die Sonne mehr als jeweils zehn Stunden. Der August ist der wärmste Monat. Stürmisch ist es besonders im Herbst. Im Mai und September ist das Wetter häufig beständig schön, während es selbst im Hochsommer manchmal umschlagen und recht unvermittelt ein Schauer niedergehen kann. Im Winter fällt gelegentlich im Januar und Februar Schnee. Die Ostsee friert nur in besonders kalten Wintern zu (zuletzt 1963).

Sicherheit

Kleinkriminalität ist auf Rügen und in Stralsund kein großes Problem, die Anzahl von Autoeinbrüchen und Taschendiebstählen ist vergleichsweise niedrig.

Aufpassen sollte man jedoch in der Natur: Beim Wandern an der Kreideküste gilt es, die Absperrungen zu respektieren – hier kommt es immer wieder zu Felsabbrüchen. Aus dem gleichen Grund ist Vorsicht an schmalen Strandabschnitten unter steilen und überhängenden Kliffs geboten: Halten Sie immer einen ausreichenden Abstand zur Wand, bei schlechtem Wetter meiden Sie die Gegend lieber komplett!

Zollbestimmungen

Innerhalb der EU ist der Warenverkehr für private Zwecke innerhalb der Richtmengen weitgehend zollfrei (z.B. für Reisende über 17 J. 800 Zigaretten, 10 l Spirituosen, 90 l Wein). Zollfrei bei der Wiedereinreise in die Schweiz sind z. B. 250 Zigaretten, 5 l Wein, 1 l Spirituosen sowie Souvenirs bis zu 300 CHF. Weitere Infos unter www.zoll.de und www.ezv.admin.ch.

ANREISE

Ob mit dem Auto, der Bahn, Fähre oder dem Flugzeug – Rügen ist bequem und unkompliziert zu erreichen.

... mit dem Auto

Rügen ist von Lübeck aus über die Ostseeautobahn A 20 und von Berlin aus über die A 11 und wiederum die A 20 zu erreichen. Bei der Überquerung des Strelasunds haben Reisende die Wahl zwischen der **Rügenbrücke** und dem historischen Rügendamm. Sechsmal am Tag wird auf dem **Rügendamm** allerdings die Ziegelgrabenbrücke für den Schiffsverkehr auf dem Strelasund hochgeklappt, für jeweils 20 Minuten ist dann der Damm dicht. Die Zeiten sind täglich: 5.20–5.40, 8.20–8.40, 12.20 bis12.40, 17.20–17.40, 21.30–21.50 Uhr. Manchmal ändern sich die Zeiten allerdings wegen Baumaßnahmen (Info-Tel. 03831 24 95 11).

Im Sommer bietet sich alternativ die **Autofähre ab Stahlbrode** (Tel. 03831 268 10) südlich von Stralsund an. Sie fährt von Mitte April bis Oktober täglich, zu den Kernzeiten sogar im 20-Minuten-Takt www.weisse-flotte.de, April, Sept./Okt. 6–20, Mai–Aug. 6–21.30 Uhr). Die Überfahrt nach Glewitz dauert zwölf Minuten.

Auf Rügen entstand mit der B 96n eine seit Juni 2019 durchgängig befahrbare **neue Schnellverbindung** von Altefähr bis Bergen.

... mit der Bahn

Die Deutsche Bahn bietet mehrere Direktverbindungen nach Stralsund und Rügen, vor allem in der Hochsaison gibt es mehrere Möglichkeiten, direkt nach Binz zu fahren (Infoservice Tel. 0180 699 66 33, www.bahn.de), zum Beispiel mit dem ICE von München, Leipzig, Hannover, Hamburg, Berlin und mit dem IC ab Düsseldorf. Während der Nebensaison gelangt man mit Umstieg in Stralsund (Regionalzug) oder Rostock (IC) nach Binz.

Der stündlich verkehrende Regionalzug von Stralsund nach Binz hält auch in Bergen, wo es Anschlusszüge nach Putbus und Lauterbach gibt.

Dabei gelten diverse Vergünstigungen, u. a. mit dem **Ostsee-Ticket** für bis zu fünf Personen und dem Mecklenburg-Vorpommern-Ticket.

... mit dem Schiff

Im Sommer verkehrt bis zu sechsmal täglich ein **Schiff für Fußgänger und Radfahrer** (www.weisse-flotte.de) von Stralsund nach Altefähr. Im Sommer gibt es eine **Autofähre** zwischen Glewitz und Stahlbrode.

Die Halbinsel Wittow ist am schnellsten über die **Wittower Fähre** erreichbar, die ganzjährig im Pendelverkehr unterwegs ist (letzte Abfahrt während der Hochsaison um 21 Uhr, www.weisse-flotte.de).

Zur Insel Hiddensee fährt von April bis Oktober sowie zwischen Weihnachten und Neujahr ab Stralsund die **Reederei Hiddensee** (nur Fußgänger und Radfahrer, Tel. 03831 268 10, www.reederei-hiddensee.de). Ab Schaprode auf Rügen verkehren Schiffe das ganze Jahr über mehrmals täglich nach Hiddensee.

Fähren aus Skandinavien, Russland, Finnland und dem Baltikum laufen mehrmals wöchentlich im **Hafen Mukran** südlich von Sassnitz ein (Tel. 038392 551 11, www.mukran-port.de).

... mit dem Bus
Flixbus (www.flixbus) bedient zahlreiche Destinationen, unter anderem gibt es eine Verbindung von München direkt nach Binz. Wer ein- oder mehrmaliges Umsteigen in Kauf nimmt, kommt für relativ wenig Geld nach Rügen.
Die **Usedomer Bäderbahn** steuert mit ihren Bussen Berlin, Hamburg und Rostock an (www.ubb-online.de).
Zwickau, Chemnitz und Dresden stehen im Fahrplan des **Rügen-Express vom Regionalverkehr Erzgebirge** (www.rve.de).

... mit dem Flugzeug
Flugverbindungen gibt es ab Köln-Bonn, Stuttgart und München nach **Rostock-Laage** (www.rostock-airport.de); von dort geht es weiter mit einem Bus-Shuttle. In **Güttin** (https://ostseeflugruegen.de) auf Rügen gibt es einen kleinen Flughafen. Hier werden Charterflüge nach Berlin und Hamburg, Inselrundflüge sowie ein Landeplatz für Privatflugzeuge angeboten.

UNTERWEGS AUF RÜGEN

Busse verbinden fast alle Ortschaften auf Rügen. Im Sommer verkehrt auch ein spezieller Bus mit Fahrradtransporter. Die Schmalspurbahn Rasender Roland und die Bäderbahnen verkürzen die Wege zu touristischen Attraktionen. Nichtsdestotrotz ist man auf der größten Insel Deutschlands mit einem Auto am bequemsten unterwegs, wenn man weniger zentrale Gegenden ansteuern möchte.

... mit dem öffentlichen Nahverkehr
Rügen verfügt über ein gut ausgebautes Busnetz. Auskünfte zu Fahrplänen und Tarifen erteilt die **Verkehrsgesellschaft Vorpommern-Rügen** (VVR; Tel. 03838 20 29 55, www.vvr-bus.de). Attraktive Angebote sind Tagestickets und das Bus-Schiff-Kombiticket für die Fahrt nach Hiddensee.
Bäderbahnen (Bimmelbahnen) verkehren ab der Binzer Seebrücke alle 45 Minuten zum Jagdschloss Granitz sowie nach Prora und zum Naturerbe-Zentrum. In Binz, Sellin, Baabe und Göhren fahren Bäderbahnen halbstündlich oder stündlich durch den Ort. Für Kurkarteninhaber ist die Mitfahrt in diesen Orten kostenlos (Tel. 038393 338 80, www.jagdschlossexpress.de).
Als Shuttle pendeln die Bahnen u. a. zwischen dem Parkplatz Putgarten, Kap Arkona und Vitt sowie während der Störtebeker-Festspiele zwischen dem Parkplatz an der B 96 und der Naturbühne Ralswiek.

... mit der Schmalspurbahn
Die historische Dampflok-Kleinbahn »Rasender Roland« verbindet Putbus mit Göhren im Ein- bis Zwei-Stunden-Takt (im Sommer ab Lauterbach). Die gemütliche Fahrt dauert gut eine Stunde. Der erste Zug ab Putbus fährt um 8.08 Uhr morgens, der letzte Zug ab Göhren in der Hauptsaison um 21.49, sonst um 19.53 Uhr (Tel. 038301 88 40 12, www.ruegensche-baederbahn.de).
Darüber hinaus sind Lauterbach und Putbus über einen Schienenbus mit Bergen verbunden. Die Abfahrtszeiten sind mit denen des Rasenden Roland abgestimmt, sodass man bequem umsteigen kann.

... mit dem Auto und Mietwagen
Rügen verfügt über ein gut ausgebautes **Straßennetz** bis in die entlegensten Winkel. Insbesondere in der Hochsaison kann es auf den intensiv genutzten Strecken, insbesondere nach Binz, Sellin, Baabe und Göhren, zu Staus kommen.
Auch die **Parkplatzsuche** kann dann zur Herausforderung werden. In Sassnitz hat ein neues Parkhaus im Hafen für Entlastung gesorgt. Parken ist fast flächendeckend kostenpflichtig.
Die **Autovermietung Eggert** (Tilzower Weg 23, 18528 Bergen, Tel. 03838 803 00, www.auto-eggert.com) auf Rügen mit Filialen u. a. in Stralsund stellt den Leihwagen dort bereit, wo Sie ihn möchten. **Sixt** (Proraer Chaussee 5, 18609 Binz, Tel. 038393 66 63 80, www.sixt.de) befindet sich in der Nähe des Binzer Bahnhofs. Fahrzeugzustellung am Bahnhof Binz bietet auch **Europcar** (Gingster Chaussee 6, 18528 Bergen, Tel. 03838 25 42 80, www.europcar.de), **Opel Rent** einen Shuttle-Service (Stralsunder Chaussee 21, 18528 Bergen,

Tel. 03838 803 00, www.opelrent.de). Ein Kleinwagen kostet ab 60 € pro Tag.

... mit Sightseeing-Touren
Rundtouren auf Rügen sowie Tagesausflüge nach Hiddensee und Stralsund bietet **Boy Tours** (Proraer Chaussee 3 G, 18609 Binz, Tel. 038393 325 15, www.ruegenrundfahrt.de) an. Man kann u. a. in Baabe, Sellin, Binz und Bergen zusteigen.
ine weitere
Option für Exkursionen mit Reiseleiter ist der **Miet- & Ausflugsservice Rügen,** (Rügen Radio 6, 18551 Glowe, Tel. 0162 612 73 44, https://ruegenrundfahrt.de).

... mit dem Taxi
Funktaxi Rügen (Bergen: Tel. 03838 25 26 27, Binz: Tel. 038393 24 24, Sassnitz: Tel. 038392 30 30) ist rund um die Uhr erreichbar. Es werden auch individuelle Rundfahrten angeboten.
Weitere Anbieter sind u. a. **Rügentaxi** (Tel. 03838 31 39 39, mobil 0171 220 97 74, www.ruegentaxi.de) sowie **Taxi Schwabe** (Tel. 038304 125 39, mobil 0170 741 41 41, www.taxiruegen.de).

... mit dem Fahrrad
Radeln wird großgeschrieben auf Rügen und noch mehr auf Hiddensee. Für längere Strecken oder Einweg-Radtouren kann man die sogenannten **RADsfatz-Busse** der VVR nutzen, Linienbusse mit Fahrradanhängern, die bis zu zwölf Räder mitnehmen können. Sie verkehren auf Rügen während des gesamten Sommerfahrplans von Mitte Mai bis Mitte September.
Mehr als 50 **Fahrradverleiher** gibt es auf Rügen und Hiddensee (Adressen unter www.ruegen.de und direkt bei der Tourismuszentrale Rügen). Fast jedes Dorf hat mindestens einen Anbieter; auch die meisten Hotels und Pensionen verleihen Fahrräder und bei vielen Ferienwohnungen gehören die Drahtesel zur Ausstattung.

... mit dem Schiff
Mit seiner Wasserwelt aus Stränden, Inseln und Bodden ist Rügen prädestiniert für Schiffsausflüge. Auf eine lange Tradition blickt der **Hafen Lauterbach** zurück. Hier legen Schiffe der Weißen Flotte (www.weisse-flotte.de) zu der unter Naturschutz stehenden Insel Vilm und nach Baabe ab, außerdem gibt es spezielle Robben-Touren.
Die **Insel Hiddensee** wird von Stralsund aus täglich von März bis Oktober sowie über Weihnachten und Neujahr angesteuert. Ganzjährig besteht eine Verbindung ab Schaprode mit bis zu 15 Abfahrten täglich. Außerdem verkehrt ein Wassertaxi mit Schnellbooten zwischen Hiddensee, Schaprode und Stralsund (www.reederei-hiddensee.de).
Sehr beliebt ist das sogenannte **Seebrücken-Hopping** zwischen Göhren, Sellin, Binz und Sassnitz – inklusive Fahrt entlang der Kreideküste (www.adler-schiffe.de und www.ms-alexander.de).
Und in Stralsund ist eine moderierte Hafentour auf der »MS Altefähr« buchbar, die von April bis Oktober mehrmals täglich stattfindet. Veranstalter ist ebenfalls die Weiße Flotte. Weitere Infos zu Schiffsfahrten finden Sie auf S. 61, 92, 101.

... mit dem Flugzeug
Rundflüge über die Insel bietet der **Flugplatz Güttin** (https://ostseeflugruegen.de) täglich ab 10 Uhr an.

ÜBERNACHTEN

Hotels und Ferienwohnungen
Auf Rügen ist das Angebot an Hotels, Pensionen und Ferienwohnungen äußerst vielfältig. Die Preisunterschiede zwischen Haupt- und Nebensaison sind enorm. So zahlt man im Hochsommer teilweise dreimal so viel wie im Winter. Schnäppchen lassen sich über das Internet ergattern. Die Tourismuszentrale bietet ein aktuelles Gastgeberverzeichnis, eine Onlinebuchung ist möglich.

Camping
Rund 25 Campingplätze mit teilweise hervorragendem Standard befinden sich auf Rügen. Hiddensee hingegen ist für Camper tabu, auf der ganzen Insel ist es verboten, Zelte aufzustellen. Eine Onlinebroschüre der Tourismuszentrale Rügen informiert aus-

führlich über die Campingplätze der Insel. Infos gibt es auch unter www.ruegen.de und www.camping.info.

Einige Beispiele: In **Bakenberg** auf der Halbinsel Wittow kann man am Sandstrand campen (Caravancamp Ostseeblick, Seestr. 39 A, 18556 Dranske, Tel. 03839181 96, www. caravancamp-ostseeblick.de). Einen schönen Platz direkt am Strand gibt es auch auf **Ummanz** (Ostseecamp Suhrendorf GmbH, 18569 Suhrendorf, Tel. 038305 822 34, www.ostseecamp-suhrendorf.de). Stellplätze direkt am Wasser bietet die **Surfoase Mönchgut** (Dörpstraat 2, 18586 Klein Zicker, Tel. 038308 301 25, www.thiewaii.de) – ideal für Wassersport wie Katamaran, Segeln, Windsurfen, Kitesurfen, Stand-up-Paddeln und Kajak- oder Kanutour. Angeschlossen ist eine Surfschule mit Verleih und Materialshop.

250 idyllisch gelegene Stellplätze und Ferienhäuschen befinden sich 100 m entfernt vom **Ufer des Großen Jasmunder Boddens** (Camping-Betrieb »Banzelvitzer Berge«, 18528 Groß Banzelvitz, Tel. 03838 312 48, www.ferienhaus-ruegen-ost see.net).

Jugendherbergen

Jugendherbergen gibt es mehrere auf Rügen (www.jugendherberge.de). In **Binz** befindet sich eine schöne im sanierten Altbau direkt an der Strandpromenade (Strandpromenade 35, Tel. 038393 325 97). Es gibt 36 Zimmer mit zwei bis acht Betten und Bädern auf dem Gang.

Die »längste Jugendherberge der Welt« mit angeschlossenem Zeltplatz befindet sich in einem Block der einstigen KdF-Anlage in **Prora** (Mukraner Str. Gebäude 15, Tel. 038393 668 80). Der herrliche Strand liegt direkt vor der Tür. Rund 100 Zimmer unterschiedlicher Ausstattung, auch 16 behindertenfreundliche Zimmer, stehen zur Verfügung.

Hübsch saniert ist die Jugendherberge in **Sellin** (Kiefernweg 4, Tel. 038303 950 99). Jedes Zimmer der Herberge hat ein eigenes Bad mit WC.

Eine weitere Jugendherberge mit rund 200 Betten gibt es im Ortsteil **Devin** südlich von Stralsund (Strandstr. 21, Tel. 03831 49 02 89). Dort können Sie auch Zweibettzimmer buchen.

Ferien auf dem Bauernhof
Bauernhofromantik mit Weckruf von Hühnern und mit frischen regionalen Produkten haben auch einzelne Rügener Bauernhöfe im Angebot: Bei **Bauer Kliewe** (Mursewiek 1, 18569 Ummanz, Tel. 03830553 00 10, www. bauernhof-kliewe.de) können Sie in einer von neun Ferienwohnungen und in einem Wohnwagen das Treiben auf dem Hof erleben. Nicht weit entfernt bietet **Bauer Lange** (18569 Lieschow, Hof Nr. 37, Tel. 038305 551 50, www.bauerlange.de) auf seinem Erlebnishof neben zahlreichen Veranstaltungen auch 18 Ferienwohnungen und einen Hofladen.

Im Heu zu übernachten ist auf dem **Heuferienhof Altkamp** (Dorfstr. 1, 18581 Altkamp, Tel. 03830188 99 12, www.heu ferienhof-ruegen.de) im Süden der Insel möglich.

Auf dem **Ökobauernhof Thom** findet der Urlaub im Mobilheim oder in der Ferienwohnung mit separatem Eingang statt. Ein Hofladen verfügt über frische Lebensmittel aus ökologischem Landbau, u. a. Milch, Käse, Brot und Bio-Eis (OT Stönkvitz 12, 18573 Samtens, Tel. 038306 200 43, www.oekohof-thom.de).

ESSEN UND TRINKEN

Fisch kommt gebraten, geräuchert und gedünstet auf den Tisch. Kaum etwas anderes wird auf Rügen häufiger gegessen. In der einfachsten, aber durchaus sehr leckeren Version gibt es ihn im Brötchen auf die Hand, z. B. an kleinen Buden in Strandnähe oder vom Kutter in den Häfen. In der exklusivsten Variante genießt man ihn im Sterne-Restaurant Freustil in Binz.

Kaum ein Restaurant verzichtet auf Fischrezepte. Wer ihn allerdings »natur« mag, muss manchmal etwas suchen, da viele Köche den Fisch nach wie vor lieber frittieren, panieren oder im Teigmantel backen, als ihn schnörkellos und natürlich zuzubereiten. Neben Lokalen mit Fisch – und Wild aus den Wäldern – haben sich auch Restaurants mit internationaler Küche etabliert, angefangen bei Griechen, Italienern und Spaniern bis hin zu fernöstlicher Küche.

Besonders in der gehobenen Gastronomie finden Sie eine interessante Mischung aus regionalen und internationalen Speisen. **Spitzengastronomie** wird vor allem in den Seebädern Binz, Sellin und Göhren angeboten. Aber auch manche **Gutshäuser** im Landesinnern überzeugen mit Gerichten jenseits von Hausmannskost. Die ist in der Regel aber auch zu empfehlen.

Auf Rügen findet man ein wachsendes Angebot an regionalen und ökologisch hergestellten Produkten, die in **Hofläden und Manufakturen** erhältlich sind. Die Insel ist Mitglied im europäischen Netzwerk »Culinary Heritage« – das Siegel mit weißer Kochmütze auf blauem Grund kennzeichnet Restaurants und Geschäfte, die auf regionale Esskultur setzen (S. 26).

Fischräuchereien bieten oft einen täglich wechselnden Mittagstisch zum günstigen Preis. Die **Essenszeiten** sind verhältnismäßig früh: Bereits ab 11.30 Uhr wird in vielen Restaurants Mittagessen serviert, zwischen 18 und 21 Uhr wird zu Abend gegessen – die meisten Restaurants schließen schon zwischen 20.30 und 22 Uhr.

An Feiertagen wie Ostern ist es immer ratsam, frühzeitig einen Tisch im Restaurant der Wahl zu reservieren.

EINKAUFEN

Einkaufen können Sie hervorragend in Stralsund. Dort gibt es in der Altstadt eine Fußgängerzone mit vielen Geschäften und Filialen diverser Modeketten. Aber auch die oft exquisiten Läden der Seebäder halten manche Überraschung bereit. Beträchtlich gewachsen ist das Angebot an Hofläden, Manufakturen und Galerien – auch in kleineren Orten im Hinterland. Mitte April bis Ende Oktober gilt die Bäderregelung in zahlreichen Orten, d. h. an mind. 26 Sonntagen im Jahr können Geschäfte öffnen.

Die **Geschäfte** auf Rügen sind in der Regel Mo–Fr 10–19 Uhr geöffnet, Sa bis 14 Uhr. In den Seebädern haben die meisten Geschäfte auch am Wochenende auf, d. h. Sa bis 20 Uhr und So 12–18 Uhr. In Stralsund gelten für größere Läden in der Altstadt folgende Öffnungszeiten Mo–Sa bis 20 Uhr.

Banken und Sparkassen sind meist Mo–Fr ab 8.30/9 Uhr geöffnet. Eine etwa einstündige Mittagspause ist üblich (häufig zwischen 12.30 und 13.30 Uhr), die Türen schließen nachmittags um 16 Uhr, manchmal auch erst um 18 Uhr.

Fast alle **Museen** haben während der Sommersaison täglich geöffnet. Im Winter schließen etliche bzw. haben dann verkürzte Öffnungszeiten.

AUSGEHEN

Binz und Stralsund sind kleine Zentren des Nachtlebens. Hier gibt es die meisten Bars und Kneipen der Gegend. In Putbus und Stralsund findet man ein Theater mit anspruchsvollem Programm. Im Sommer wird auch Theater auf der Seebühne am Stralsunder Hafen (www.theater-vorpommern.de) gegeben und in Ralswiek bespielen die Störtebeker-Festspiele die berühmte Naturbühne am Großen Jasmunder Bodden.

Für Unterhaltung sorgt von Juli bis Oktober das **Sommervarieté im Binzer Kurhaus** (www.sommervariete.com).

Auch Filmfans kommen auf ihre Kosten: Ein **Cinestar-Kinocenter** mit mehreren Sälen gibt es in der Stralsunder Altstadt (Frankenstr. 7, Tel. 0451 703 02 00, www.cinestar.de). Das **UC-Kinocenter** in Bergen hat sechs Säle (Ringstr. 140, Tel. 03838 20 21 22, www.kino-bergen-ruegen.de). Während der Sommersaison wird das **Waldkino** auf dem Campingplatz Göhren (Am Kleinbahnhof 1, Tel. 038308 901 20) betrieben. Das **Theater Komödie** in Göhren zeigt von Mai bis Oktober auch Filme (Waldstr. 4, Tel. 038308 662 22). Die **Lichtspiele Sassnitz**, ein Kreis engagierter Kinofreunde, präsentiert freitags um 20 Uhr im Grundtvig-Haus in Sassnitz (Seestr. 3, Tel. 038302 900 10, www.kino-lichtspiele-sassnitz.de) ausgewählte Filme. Im Sommer öffnet das **Autokino in Prora**.

Veranstaltungskalender:

Januar/Februar
Neujahr: Ein festliches Konzert mit klassischer Musik gibt es am Abend des 1. Januars im Kursaal in Binz. Eine Neujahrswanderung findet in Göhren statt.

März/April
Festspielfrühling Rügen: Thematische Abende widmen sich internationaler Musik und Literatur – mit Konzerten, Lesungen, Matineen.
Osterfeuer: In mehreren Orten auf Rügen wird am Ostersamstag ein Feuer entzündet, z. B. in Sellin, Baabe und Göhren. In Binz brennen gleich 20 große Holzfeuer am Strand.
Wanderfrühling: Buntes Aktivprogramm auf der ganzen Insel im April mit geführten Wanderungen, Ortstouren und thematischen Exkursionen
Sandskulpturen-Festival: Künstler formen von März bis Anfang November auf der Festwiese Binz Kunstwerke aus Sand (www.sandfest-ruegen.de).
Ummanzer Ostermarkt: Auf Ummanz wird Ostern groß gefeiert, u. a. in der Pfarrscheune in Waase, mit Osterfeuer und Tanz in der Scheune auf dem Bauernhof Kliewe sowie bei Bauer Lange.
Maibaumsetzen: Am letzten Tag im April wird in Binz, Sellin und Göhren traditionell der Maibaum aufgestellt.

Mai
Anbaden in Binz: Jedes Jahr am 1. Mai stürzen sich Mutige in die eiskalten Fluten, um die Badesaison zu eröffnen. Gleichzeitig beginnt der »Monat der Bäderarchitektur«.
Thiessower Deichlauf: Mitte Mai treffen sich Läufer im Mönchgut, um sich über Distanzen von 5 und 10 km zu messen.
Heringsfest: Ein Heringsfest findet am 1. Mai in Altefähr und am ersten Maiwochenende rund um das Museumsschiff »Luise« in Göhren statt.
Putbus-Festspiele: Ein Monat mit klassischen Konzerten und jungen Künstlern (www.putbus-festspiele.de)
Reusenfest: Baabe feiert immer an Pfingsten das Reusenfest mit Livemusik, Tanz und einer traditionellen Reusenweihe.
Rügenclassics: Große Insel-Rallye mit Oldtimern von mehreren Standorten, z. B. von Binz und Sassnitz (www.ruegenclassics.de)
Hafenfest Stralsund: Ende Mai laufen etliche Traditionssegler in den Hafen ein, wo eine maritime Meile mit Musik und Kulinarik einlädt (www.hafenfeststralsund.de).

Juni
Blue Wave Festival: International bekanntes Blues-Festival in Binz rund um den Kurplatz
Hafenfest Sellin: Am ersten Juniwochenende feiert das Seebad seinen Wasserwanderrastplatz.
Sonnenwendfeste: Die Tag- und Nachtgleiche wird an mehreren Orten gefeiert, u. a. im Kurpark Juliusruh, am Kap Arkona und im Naturerbe-Zentrum.
Bernsteinpromenadenfest: Im Ostseebad Göhren findet das Fest mit Markt, Musik und Feuerwerk statt.

Juli
Hafen- und Seebäderfeste: Hafenfeste werden u. a. in Glowe, Lohme und Thiessow gefeiert, ebenso das Selliner Seebrückenfest. Das Binzer Sommerfest freut Einwohner und Besucher. Das Binzer Schlossfest findet auf Schloss Granitz statt.
Palucca-Tanzwoche: Auf Hiddensee bieten Studierende der Palucca Hochschule für Tanz Dresden mehrfach Vorführungen an und ehren die Schulgründerin Gret Palucca.
Tag am Meer: In Prora wummern die Beats beim Festival der elektronischen Musik (www.tagammeer-festival.de).
Sundschwimmen: Bereits mehr als 50 Mal fand das traditionelle Langstreckenschwimmen von Altefähr über den Strelasund statt. Hier lautet das Motto »Dabei sein ist alles« (www.sundschwimmen.de).
Wallensteintage: Mit dem größten historischen Volksfest der Region erinnert Stralsund an den erfolgreichen Widerstand gegen die Truppen Wallensteins (www.wallensteintage.de).
Wiesenfest beim Fährmann: Feiern, Musizieren und Tanzen auf der Wiese der Fähre von Moritzdorf

Selliner Seebrückenfest: Das größte Event im Seebad mit Konzerten und Tanz auf einer Bühne am Strand.

August
Duckstein-Festival: Mix aus Artistik, Comedy, Musik und Open-Air-Theater am Binzer Kurplatz und vor der Seebrücke
Strandfilmfestival: Open-Air-Filme an der Seebrücke von Binz – zuschauen kann man vom Strand oder von Badeinseln aus.
Kunsthandwerk: In Gingst findet Mitte August ein beliebter Kunsthandwerkermarkt statt.
Seebrückenfeste: Eines wird in Göhren Anfang August gefeiert, Mitte des Monats dann das in Binz.
Vilm-Schwimmen: In Lauterbach wird der internationale Schwimmwettbewerb über 2500 m veranstaltet (www.vilmschwimmen.de).

September
Ostsee Töpfermarkt: Rund 40 Töpfer, Keramiker und weitere Kunsthandwerker präsentieren sich im Seepark Sellin (www.ostseetoepfermarkt.de)
Lange Nacht des offenen Denkmals: In Stralsund wird die lange Nacht des offenen Denkmals von zahlreichen Veranstaltungen begleitet.

Fisch & Wollmarkt: Buntes Treiben um das regionale Fischerhandwerk und die traditionelle Schafhaltung im Hafen von Schaprode mit Musik, Kochvorführungen und regionalen Produkten (www.fischundwollmarkt.de)

Oktober
Rügenbrückenmarathon: Rund 3000 Teilnehmer überqueren auf Distanzen von 6 km bis 42 km die Rügenbrücke (www.ruegenbrueckenmarathon.de).
Tour d'Allee: Radfahren mit Prominenten auf drei verschiedenen Routen mit Zielort Sellin (www.tda-ruegen.de)
Bernsteinfest: Alle zwei Jahre wird in Göhren die Deutsche Bernsteinkönigin gekürt.

November
Märkte: Ende November beginnen die Weihnachtsmärkte in Stralsund, darunter auch im historischen Rathaus (www.weihnachtsmarkt-stralsund.de).

Dezember
Weihnachtsmärkte finden an unterschiedlichen Wochenenden u. a. in Sassnitz, Göhren, Binz, Sellin und Bergen statt.
Silvester: Feuerwerk zum Jahreswechsel gibt es u. a. in Binz, Baabe, Sellin und am Burgwall Arkona sowie in Stralsund. In Göhren findet das Strandkorbsilvester statt.

An den Seebrücken der Insel, wie hier in Binz, ist immer etwas los.

Reiseatlas

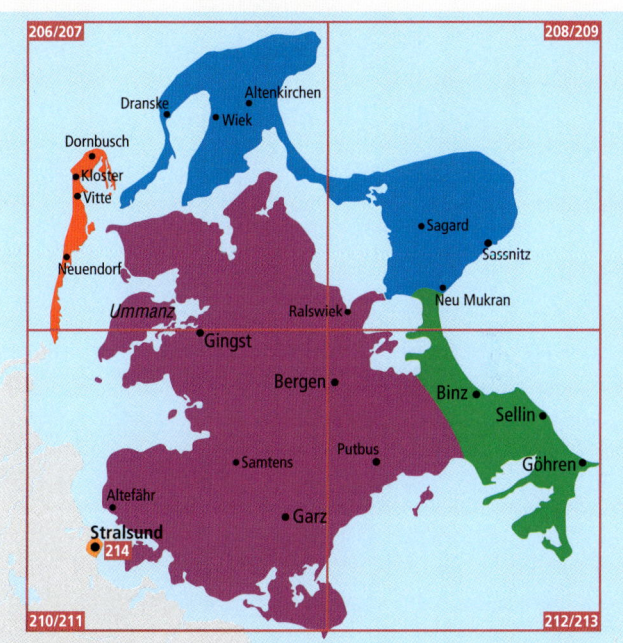

Legende

	Schnellstraße
	Fernstraße
	Hauptstraße
	Nebenstraße
	Straße in Bau / in Planung
	Fahrweg
	Fußweg/Pfad
	Fähre
	Eisenbahn
	Nationalpark-/ Naturparkgrenze
	Deich
❷★★	TOP 10
⓫	Nicht verpassen!
⓬	Nach Lust und Laune!

M̂	Museum
	Schloss; Burg
	Kirche, Kapelle
★	Sehenswürdigkeit
	Archäologische Stätte
	Großsteingrab, Hügelgrab
	Monument; Leuchtturm
	Windmühle; Höhle
	Berggipfel; Höhenpunkt
	Aussichtspunkt
	Sehenswerter Baum
	Campingplatz
	Hallenbad; Parkplatz
	Hafen; Jugendherberge
	Badestrand

1 : 145 000

5 km

3 mi

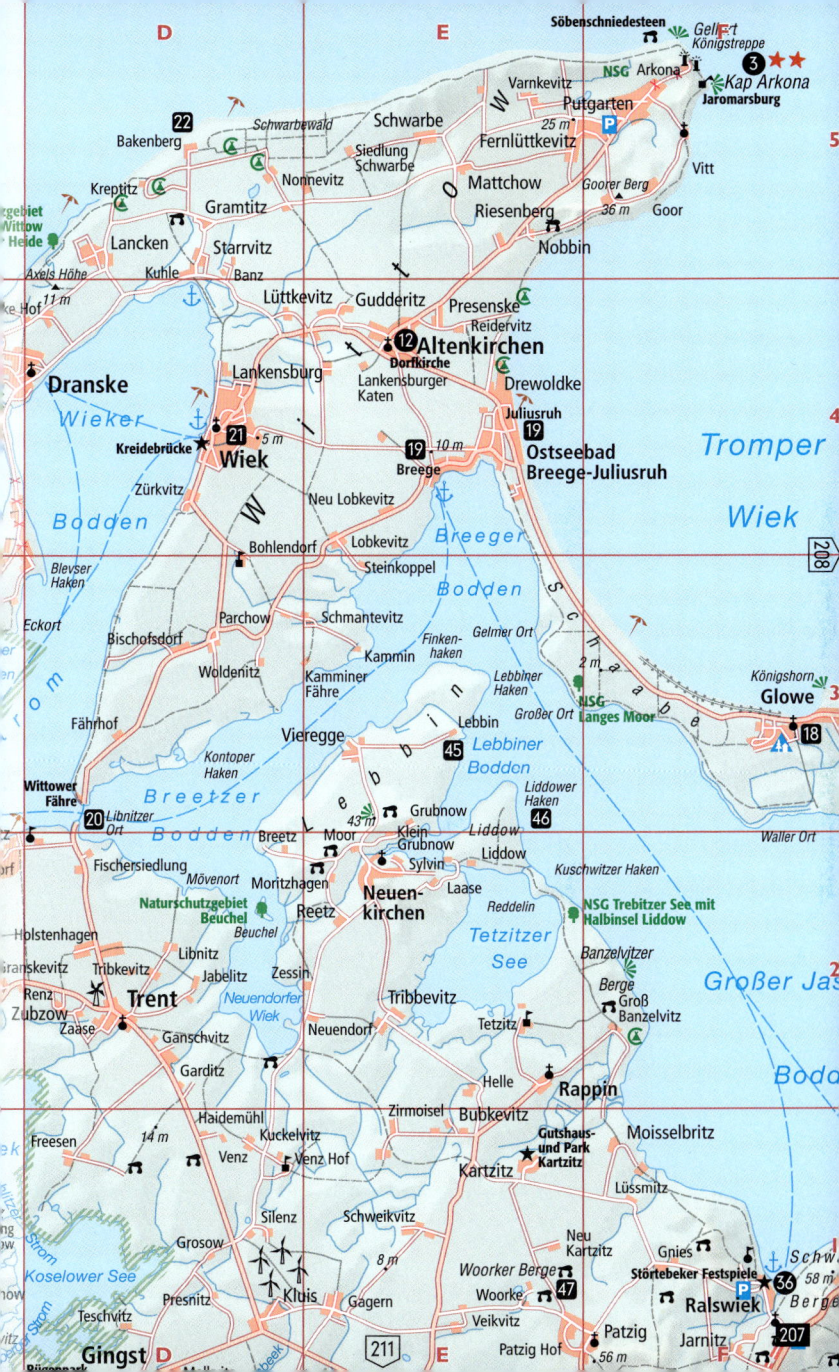

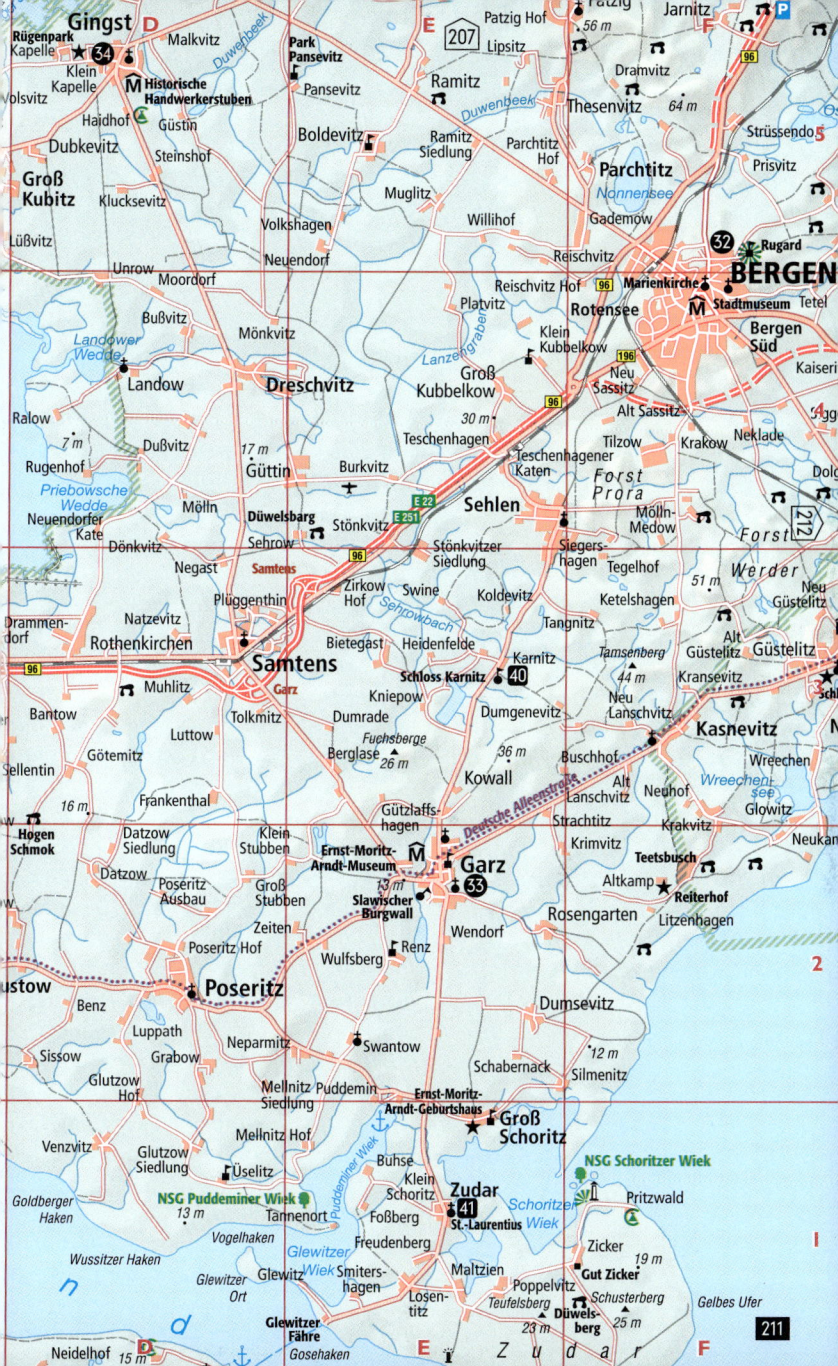

Register

A
Aktivurlaub 20
Altefähr 20, 127
Altenkirchen 17, 50
Angeln 21, 61
Anreise 198
Arndt, Ernst Moritz 18, 116
Ausgehen 100, 135, 156, 182, 202
Auskunft 196

B
Baabe 66, 92
Baaber Bollwerk 92, 94, 96
Bäderarchitektur 47, 66, 70, 76, 88, 203
Bakenberg 55, 93
Bauer Lange 135
Baumwipfelpfad 75
Bergen auf Rügen 17, **113,** 131, 186
Bernstein 25, 76, 99, 142, 148, 156, 204
Binz 7, 8, 11, 26, 66, 70, 97, 201
Biosphärenreservat Südost-Rügen 15, 81, 92, 106
Bobbin 53, 60
Breege 54, 193
Buchenwälder 37, 38
Bug, Landzunge 55
Buskam 88

D
Deutsche Alleenstraße 15, 108
Devin 201
Donnerkeile 8, 24
Dranske 20, 55

E
Einkaufen 59, 99, 134, 156, 182, 202
Erlebnisbad AHOI! RÜGEN 79, 101
Erlebniswelt Splash 61
Ernst-Moritz-Arndt-Sicht 40
Essen und Trinken 26, 57, 97, 132, 155, 180, 201

F
Fährhafen Mukran 61
Ferien auf dem Bauernhof 201
Feuersteinfelder 75
Fisch 11, 26, 36, 59, 99, 100, 202
Freesenort 121
Friedrich, Caspar David 18

G
Gager 11, 93
Garz 17, 104, 108, **116**
Geld 196
Gesundheit 197
Gingst 104, 108, 118
Glewitz 127
Glowe 53, 192
Göhren 8, 11, **88**
Golfen 20
Granitz 17, 63, 80
Greifswalder Oie, Insel 23
Groß Banzelvitz 188
Großer Jasmunder Bodden 52, 54, 122, 188, 190
Groß Mohrdorf 182
Groß Schoritz 18, 116
Großsteingräber 16, 50, 95, 127
Groß Zicker 11, 26, 92
Grümbke-Turm 11, 129, 188
Gummanz 29, 52
Gustow, Naturhafen 20
Gut Kartzitz 108, 130, 188
Gut Lebbin 129
Gutshaus Kapelle 108
Gutshaus Kartzitz vgl. Gut Kartzitz
Gutshaus Kubbelkow 26, 109
Gutshaus Liddow 130
Gutshaus Strobel 108
Gut Tribbevitz 130

H
Haflingerzucht 120, 135
Hagen 38
Hauptmann, Gerhart 19, 138, 146
Hausmarken 17, 50, 93
Heilkreide 29
Herthaburg 41
Herthasee 41
Heuwiese, Insel 23
Hiddensee, Insel 7, 8, 17, 19, 61, **137-157**
  Bessin 138, 149
  Dornbusch 7, 138, 142, 144
  Dünenheide 138, 140, 150, 152
  Gellen 138, 150, 153
  Gerhart-Hauptmann-Haus 147
  Grieben 145
  Heimatmuseum 147
  Kloster 19, 140, 146
  Lietzenburg 147
  Neuendorf 140, 150

Süder-Leuchtturm 142, 150, 153
Vitte 20, 152
Hiddenseer Goldschatz 148, 163, 178
Hiddenseer Kutterfisch 11, 26, 146, 156
Hochuferweg 37, 39
Hühnergötter 8, 24
Hünengräber vgl. Großsteingräber

I
Insel-Brauerei 26, 128, 134
Internet 197

J
Jagdschloss Granitz 7, 11, 64, 68, **80**
Jaromarsburg 43
Jasmund, Halbinsel 31
Jugendherbergen 201
Juliusruh 54, 193

K
Kap Arkona 7, 11, 17, 25, 32, **42**
Karls Erlebnis-Dorf 125
Kinos 202
Kiten 20, 61, 92, 101, 135, 201
Kleiner Königsstuhl 52
Klein Zicker 92
Klettergarten 86, 115, 135
Kniepower See 126
Königsstuhl 8, 14, 36, **38**
Kraniche 11, 120
Kreide 28, 52
Kreidefelsen 34, 38
Kurtaxe 196
Kutschfahrten 44, 135, 157

L
Lancken-Granitz 95
Lauterbach 106, 125
Lebbin 129
Leuchttürme 42, 142, 144, 150, 153
Liddow 188
Liddower Haken 130
Liebitz, Insel 23
Lieschow 25
Lietzow 52, 190
Lohme 36, 52
Lotsenturm 11, 92

M
Martinshafen 190
Middelhagen 94

Mönchgut 63
Mönchguter Hofbrennerei »Zur Strandburg« 25, 99
Mönchguter Museen 89
Mordwange Schaprode 128
Moritzdorf 94
Mukran 61, 75
Muttland 103

N
Nationalpark Jasmund 7, 15, 32, 34, **38**
Nationalpark Vorpommersche Boddenlandschaft 8, 11, 15, 23, 120, 138
Nationalpark-Zentrum vgl. Königsstuhl
Naturerbe-Zentrum Rügen 7, 11, **74**
Naturparadies Teutenberg 91, 99
Neddesitz 52
Neuendorf 126
Nielsen, Asta 19, 152
Nordperd 88
Notrufe 197

O
Öhe, Insel 23, 27

P
Patzig 186
Pfarrwitwenhaus 92
Plogshagen 151
Poseritz 26
Prora 82, 201
Putbus 7, 11, 25, 104, 106, **110**

R
Radfahren 22, 68, 140, 156, 200
Ralswiek 19, 61, **122**, 186, 190
Rambin 26, 127
Ranen 16, 42, 50
Rasender Roland 8, 69, 88, 112, 126
Reisezeit 197
Reiten 20, 135
Rugard 115
Rügenhof 27
Rügen Markt 99
Rügen Park 118
Rundflüge 135
Ruschvitz 19

S
Sanddorn 27, 45
Sassnitz 8, 11, 25, 32, 34, **46**, 59

Schaabe 54, 192
Schaprode 11, 128, 189
Schiffstour 34, 61, 92, 93, 101, 157, 182, 200
Schlösschen Lietzow 52
Schloss Karnitz 21, 126
Schlosspark Pansevitz 108, 189
Schloss Ranzow 21
Schloss Spyker 53, 57, 192
Schmachter See 68, 72
Schoritzer Wiek 127
Schwanenstein 52
Schwarbe 37
Seedorf 26, 95
Segeln 20, 61, 157, 173, 201
Sellin 7, 8, 66, **76,** 96, 201
Semper, Waldpark 52, 190
Sicherheit 197
Sperrnummern 197
Stahlprode 127
Stand-up-Paddeln 20, 101, 201
Stolper Haken 189
Störtebeker-Festspiele 19, **109,** 123, 193, 199
Störtebeker, Klaus 19
Stralsund 7, 17, 20, **157–183**
  Alter Markt 7, 164, 166
  Dänholm 172
  »Gorch Fock 1« 172
  Hafen 164
  HanseDom 178
  Heilgeistkloster 177
  Johanniskloster 176
  Katharinenkloster 162
  Kütertor 164, 176
  Marienkirche 162
  Meeresmuseum 7, 169
  Ozeaneum 7, 164, 169
  Schiffer-Compagnie 177
  Schill-Gedenkanlage 176
  St.-Jakobi-Kirche 177
  St. Marien 174
  St. Nikolai 166
  Stralsund Museum 163, 178
  Welterbe-Ausstellung 179
  Zoo 178
Strände 39, 53, 55, 70, 78, 82, 88, 92, 126, 142, 150, 153, 188, 192
Streu 128
Stubnitz 38
Suhrendorf 20, 121
Sundschwimmen 20, 127, 203
Surfen 20, 55, 61, 92, 101, 121, 135

T
Tankow 11, 120
Tauchgondel 78
Taxi 200
Thiessower Haken 20, 23, 64, 92
Töpferei 61, 118, 134
Trent 189
Tribbevitz 188

U
Übernachten 56, 96, 131, 154, 180, 200
Ummanz 11, 20, 120
UNESCO-Welterbeforum 40
Unterwegs auf Rügen 199

V
Veranstaltungskalender 203
Viktoria-Sicht 36, 40
Vilm, Insel 23, 101, 125, **126,** 135
Vilm-Schwimmen 20, 204
Vitt 42

W
Wallensteintage 17, 203
Wandern 20
Wasserski 20
Wassersport 20, 61, 92, 101
Wiek 20, 55
Wissower Klinken 15, 40
Wittower Fähre 54, 58
Wittow, Halbinsel 31
Woorker Berge 130, 187
Wreechen 126

Z
Zentralrügen 103
Zickersche Alpen 11, 93
Zirkow 125
Zudar 126

BILDNACHWEIS

Adobe Stock: ANITA.photography 83 r.; Danni Teichert 107 o.; Kara 149; PhotoSG 27 u. r.

akg-images: 18

Bildagentur Huber: Cornelia Dörr 7, 130; Christian Bäck 36 l., 49 o. r., 58, 132, 148; Frank Lukasseck 194/195; Reinhard Schmid 52, 89, 135; Sabine Lubenow 60, 68 u., 68 o., 95 o., 125

DuMont Bildarchiv/Roland E. Jung: 6 (9), 110, 111, 112

DuMont Bildarchiv/Kirchner: 126

DuMont Bildarchiv/Sabine Lubenow: 5 u., 5 o., 6 (6), 6 (8) und 171 u., 6 (10) und 80, 6 (3), 6 (4) und 74, 6 (2), 6 (1) und 30/31, 10 o., 10 u., 12/13, 14, 15, 17, 19, 21 o. l., 21 u. r., 21 u. l., 21 o. r., 22, 24, 25 r., 25 l., 28 r., 28 l., 35 u., 35 o., 36 r., 39, 40, 41, 42, 43, 46, 49 o. l., 53, 54, 55, 62/63, 67 o., 67 u., 70, 71, 72, 73, 75, 76/77, 78, 79, 81, 83 l., 87, 88, 91, 93, 94, 95 u., 96, 98, 100, 102/103, 107 u., 108 l., 113, 114, 117, 119 r., 119 l., 122, 127, 131, 133, 134, 136/137, 141 u., 141 o., 142 o. l., 143 r., 142/143, 144, 145, 146, 151, 152, 153, 154, 155, 156, 157, 158/159, 163 o., 163 u., 164 r., 165, 167 l., 167 r., 169, 171 o. l., 171 o. r., 172, 176, 181, 183, 184/185, 193, 204

DuMont Bildarchiv/Olaf Meinhardt: 6 (5), 6 (7), 27 o. r., 37, 44 l., 45, 69, 108 r., 121, 142 u. l., 147 r., 147 l., 164 l., 173, 179

R. Freyer, Freiburg: 44 r., 168

Gutshaus Kubbelkow/Matthes Trettin: 109

Ottmar Heinze, Hamburg: 189

F. Ihlow, Potsdam: 51, 174

Insel Öhe Vertriebs UG/Florian Bolk: 27 u. l.

iStockphoto/PeopleImages: 29

laif/Andreas Hub: 49 u.

mauritius images: ib/Giesbert Kühnle 16; imageBROKER/Hans Blossey 23; Travel Collection/Gregor Lengler 129

Panorama Hotel Lohme: 56

Rügener Insel-Brauerei: 27 o. l., 128

Störtebeker Festspiele: 123

Doris Teutenberg, Alt Reddevitz: 90

Titelbild: U1 oben: Sabine Lubenow/Getty Images
Unten: Thomas Grundner/Getty Images
Hinten: fotosol fotosol/Getty Images

IMPRESSUM

© MAIRDUMONT GmbH & Co. KG

4. Aufl. 2022

Text: Christine Berger, Oliver Gerhard
Aktualisierung und Redaktion: Robert Fischer (www.vrb-muenchen.de)
Kartografie: © MAIRDUMONT GmbH & Co. KG, Ostfildern
3D-Illustrationen: jangled nerves, Stuttgart
Visuelle Gestaltung: Neue Gestaltung, Berlin

Der Name Baedeker ist als Warenzeichen geschützt. Alle Rechte im In- und Ausland sind vorbehalten. Jegliche – auch auszugsweise – Verwertung, Wiedergabe, Vervielfältigung, Übersetzung, Adaption, Mikroverfilmung, Einspeicherung oder Verarbeitung in EDV-Systemen ausnahmslos aller Teile des Werkes bedarf der ausdrücklichen Genehmigung durch den Verlag.

Printed in Poland

Trotz aller Sorgfalt von Autoren und Redaktion sind Fehler und Änderungen nach Drucklegung leider nicht auszuschließen. Infolge der Corona-Pandemie kann es darüber hinaus zu kurzfristigen Geschäftsschließungen und anderen Änderungen vor Ort gekommen sein. Dafür kann der Verlag keine Haftung übernehmen. Berichtigungen, Kritik und Verbesserungsvorschläge sind uns jederzeit willkommen, bitte informieren Sie uns unter:

Baedeker Redaktion
Postfach 3162
D-73751 Ostfildern
Tel. 0711 45 02-262
smart@baedeker.com
www.baedeker.com

Meine Notizen